融合发展：教育信息化2.0时代的高校创新创业教育

柳世玉　　王瀚　马倩雯◎著

吉林大学出版社
·长春·

图书在版编目（CIP）数据

融合发展：教育信息化2.0时代的高校创新创业教育/
柳世玉，王瀚，马倩雯著. -- 长春：吉林大学出版社，
2022.9
ISBN 978-7-5768-0449-2

Ⅰ.①融… Ⅱ.①柳… ②王… ③马… Ⅲ.①高等学
校 - 创业 - 教育研究 Ⅳ.①G647.38

中国版本图书馆CIP数据核字(2022)第170658号

书　　名：融合发展：教育信息化2.0时代的高校创新创业教育
RONGHE FAZHAN: JIAOYU XINXIHUA 2.0 SHIDAI DE GAOXIAO CHUANGXIN CHUANGYE JIAOYU

作　　者：柳世玉　王　瀚　马倩雯　著
策划编辑：殷丽爽
责任编辑：殷丽爽
责任校对：张宏亮
装帧设计：雅硕图文
出版发行：吉林大学出版社
社　　址：长春市人民大街4059号
邮政编码：130021
发行电话：0431-89580028/29/21
网　　址：http://www.jlup.com.cn
电子邮箱：jldxcbs@sina.com
印　　刷：长春市赛德印业有限公司
开　　本：787mm×1092mm　　1/16
印　　张：9.25
字　　数：170千字
版　　次：2023年8月　第1版
印　　次：2023年8月　第1次
书　　号：ISBN 978-7-5768-0449-2
全套定价：68.00元

目　　录

第一章　教育信息化2.0时代的社会文化意义

21世纪初前后，我国正式确立大力发展教育信息化的时代教育思想，并在教育信息化领域投入了大量的物力资源，国家的高度关注与政府部门的高效实施使得我国学校教育迎来信息化大发展。在教育信息化高速发展的初期阶段，人们的关注点绝大部分都落在对基础设备、数字媒体与网络覆盖的建设上，此时的教育信息化是以一种"辅助教育的手段"的形态出现的。从21世纪初至今，我国的教育信息化水平已经得到了显著的提升与大幅度地跃进，并在短时间内追赶上了一些发达国家的脚步，形成以"三通两平台"为核心全面突破的工作态势，探索出了一条具有中国特色的教育信息化发展路子。①

但随着教育信息化工作不断地推进，我们发现教育信息化的投入与产出的比例并不理想，在过去二十余年中成长起来的人才信息化素养与宏观的预期相差较大。教育信息化发展了二十余年，取得了巨大的成就，但二十年后我们面临着时代给出的新问题，即如何利用信息化改变教育形态，赋予教育一种崭新的时代特征；如何使信息化触动教育的核心，将教育与信息化真正意义上"融合"起来；如何提升教育信息化的产出效能，也就是"破解制约我国教育发展的难题，促进教育的变革与创新。"②因此，开启教育信息化的2.0时代不仅仅是发展的必然阶段，更是在观察与总结教育信息化1.0的成果后为了持续深入推进教育信息化的健康发展所必须采取的措施。教育信息化的路程是漫长且曲折的，在任何阶段取得的成果必将是启动下一阶段的经验基础与物质依

---

① 雷朝滋. 教育信息化：从1.0走向2.0——新时代我国教育信息化发展的走向与思路［J］. 上海：华东师范大学学报（教育科学版），2018，36（1）：98–103；164.

② 中华人民共和国教育部. 教育信息化十年发展规划（2011—2020年）［EB/OL］.（2012-03-13）［2021-11-14］. http://www.moe.gov.cn/srcsite/A16/s3342/201203/t20120313_133322.htm/

托，因此，我们必须具备长远的建设眼光与积极的发展理念，在教育信息化1.0的基础上继往开来，开启教育信息化2.0的新征程。

对于当今的教育而言，教育信息化2.0的推进与落实是教育的"福音"，同时也是一种考验、一次艰辛的探索。教育信息化2.0更加关注在信息化大背景下教育结构的变革，更加注重通过教育信息化的深入提升学科教学的效率与质量，以此培养具备信息化素养与创新思维、创新能力的新时代人才。对于当今社会而言，教育形态的变革导致了人才素养结构呈现出多样性、合作性与创新性的特点，而这些特点正是这个时代所珍视并需要的。当大批在教育信息化2.0时代滋养下的优秀人才涌入社会时，会对这个社会中的经济基础，以及制度、文化等上层建筑产生悠远且深厚的影响。教育的特殊之处在于它是培养人的活动，它的重要之处也正在于此。如果将人才喻为撬动社会文化发展与进步的"杠杆"，那么教育信息化的深化发展，以及它在教育及社会领域内所产生的效能即是这个"杠杆"的支点与核心。

第一节　教育信息化2.0时代的发展历程

"教育信息化2.0时代"这一词汇出现在人们的视线中并不算太久，它的出现是以"党的十九大召开和社会主要矛盾转变为标志"[①]的。2.0时代是对教育信息化1.0时代的区分与推进，是在1.0时代的成就上继续奋发前进，探索带有中国特色的教育信息化的路子，为世界教育信息化建设提供"中国智慧"与"中国方案"。经过数年的耕耘与发展，我国相继出台了一些与教育信息化2.0时代相关的文件，如《教育信息化2.0行动计划》、教育部发布《关于实施全国中小学教师信息技术应用能力提升工程2.0意见》等。这些文件的出台为教育信息化2.0时代的架构绘制了蓝图、指明了方向，教育信息化2.0时代的历程是以这些文件为时间轴持续推进的。因此，若想厘清教育信息化2.0时代的

① 任友群, 冯仰存, 郑旭东. 融合创新, 智能引领, 迎接教育信息化新时代 [J]. 中国电化教育, 2018 (1): 7–14; 34.

发展脉络，就必须先从几个主要的国家文件入手，去挖掘与探索教育信息化2.0时代的核心主题。

一、党的十九大报告明确提出"办好网络教育"

教育信息化2.0是在教育信息化1.0的基础上进行的建构与深耕的，在教育信息化1.0时代取得了瞩目的成就下，教育信息化2.0时代的开启具有坚实的物质基础与深远的战略意义。在2017年，党的十九大报告中提道："必须把教育事业放在优先位置，加快教育现代化"，以及单独提出了要"办好网络教育"。[①]党的十九大的召开是教育信息化划时代的分水岭，十九大之前是教育信息化1.0时代，十九大之后教育信息化2.0时代的帷幕逐渐拉起，教育信息化的内涵与作用被重新思考与定义。教育信息化与信息技术、多媒体设备等词汇息息相关，教育信息化的工作目标多数在于培养师生的信息技术能力、修建电子信息基础设施、完善校园网络全面覆盖，以及建设网上学习资源平台等。教育信息化被"简化"成了技术与设施的代名词，在实际教学中充其量作为一种辅助教学的新型技术手段，仅仅发挥着营造课堂氛围、为教学提供某些便利的作用。

这些教学现象的持续性出现在某种程度上矮化了教育信息化的地位与意义，使得教育信息化的内涵逐渐变得单薄起来。但经过若干年的实践与探索，我们发现仅仅将教育信息化定位在教学的表层或是与教学相关的事物上是一种严重的认知错误，这种认知使得教育信息化始终游走在教育的边缘地带，始终不能触及教育的核心领域。因此十九大报告中指出要"办好网络教育"，这里的网络教育不仅仅指的是依托于信息技术平台和信息技术手段呈现出来的与信息化有关的教育内容。换言之，不仅仅指的是微课、慕课，以及教育教学中多媒体设备的操作与使用。"网络教育"是以信息化为养分而生长起来的"大树"，它有许多主要的"枝干"，这些"枝干"包括了教师、学生、设施等，

---

① 方桐清. 党的十九大报告蕴含的思想政治教育重要内容论析［J］. 思想理论教育导刊, 2018（11）: 141–
　　145.

但这些"枝干"并不是全部，这棵"大树"中还有它自身的循环系统与供给系统。

我们必须在它的"循环系统"与"供给系统"上进行挖掘与探索，才能真正掌握这棵"大树"的生命主题。因此，办好网络教育最主要的是要摸清楚它的养料体系是如何运行的，也就是说要深入理解教育信息化的内涵，把握其实质，逐渐塑造一种教育的新形态。教育的最终目的是培养人，教育信息化的最终目的也应当是促进新型人才的诞生，只有当教育信息化提升了学科知识教学的效率，促进了创新合作型人才的出现，教育信息化才是真正以一种革命的形式促进教育领域的更新迭代的发展，才能对教育现代化的推进有所助益。

二、《教育信息化2.0行动计划》制定基本发展目标

2018年，教育部印发了《教育信息化2.0行动计划》（以下简称《计划》），明确阐述道："没有信息化就没有现代化，教育信息化是教育现代化的基本内涵和显著特征。"①着重突出了教育信息化的重要性和关乎国家未来发展的战略地位。《计划》中指出，在过去的十几年中，我国的教育信息化发展已经取得了巨大的进步，但随之而来的是数字化资源利用不够充分，信息化学习环境建设得不够完善，师生虽然掌握了较多的电子信息使用技术，但是总体来说缺乏深厚的信息化素养。这些局面并非是一朝一夕之间形成的，而是在教育信息化大步伐推进的过程中不断显现出来的。这些问题的出现不仅代表了教育信息化1.0时代的一些特征，更是为了更有效地开展教育信息化2.0时代的工作指明了方向。

在对《教育信息化2.0行动计划》的定义中，认为它是充分激发信息技术革命性影响的关键举措。简单的整合与"修补式"的发展并不足以被称之为"革命性的影响"，要想使其具备"革命性的影响"，首先，教育理念与观念需要进行更新换代。在过去的农业社会与工业社会中，教育的理念与当时的社会意识形态是分不开的，在当时所形成的教育理念经过漫长的岁月变迁依旧存

---

① 教育信息化2.0行动计划[J]. 西部素质教育, 2018, 4(10): 123.

留在当今的教育思想中。但在信息社会，新时代需要孕育与诞生新的理念与认知，而教育作为一个与人的发展息息相关的领域，其思想与观念理应走在时代的前端。其次，教育的模式与体系要进行大幅度的调整，甚至重构。传统的教育模式并不能满足新时代人才的发展需要，如果一味地故步自封、拒绝改变那么就会造成"人才畸形"，即教育所培养出来的人才与当今时代不相适应。对于人才而言，他们难以找到好的出路，自身的个人价值与社会价值双重诉求都难以得到满足；对于社会而言，大量的与时代不适配的人才涌入市场，不仅无益于经济的发展，甚至会阻碍社会的进步。因此，唯有在信息化背景下进行教育模式与体系的调整与重构，才能真正将信息化吸纳进教育领域，才能逐步实现二者的深度融合。

《计划》中表明："到2022年基本实现'三全两高一大'的发展目标，即教学应用覆盖全体教师、学习应用覆盖全体适龄学生、数字校园建设覆盖全体学校，信息化应用水平和师生信息素养普遍提高，建成'互联网+教育'大平台"。①在教育信息化2.0的发展目标中，有一些目标是在教育信息化1.0的成果上进行持续完善与延伸，有一些目标则是2.0时代对教育工作提出的新要求与新挑战。"发展目标"中指出教学应用应覆盖全体教师，此处的"覆盖"并不仅仅指教师应具备各种教育教学应用的操作技能，更是要求教师应以网络媒体上的教学应用为一种新型的工作形态，能够充分进行理解、运用、探究。教师应当将自己当成教学应用的建设者与普及者，而不只是使用者与操作者，教师在参与建设教学应用时，其信息化素养也得到了沉淀与提升。在学生群体中，接触学习应用是提升他们信息化素养的第一步，这一步起到了一个"引路人"的作用，学习应用的目的不是单纯地使学生学会使用电子设备进行学习，而是以电子设备、人工智能、大数据等渠道培养他们的信息化思维与意识。数字校园的建设是支撑着教育信息化2.0时代稳步前进的重要保障，只有智慧校园、智能环境才能浸润出具备深厚信息化素养的人才。构建数字化校园需要人力与物力的双重投入，更需要领导者具备开拓与创新的眼界与意识，只有在顶层设计完备的情况下，后续的工作才能有条不紊地进行。

---

① 教育信息化2.0行动计划［J］．西部素质教育，2018，4（10）：123．

如果说"三个全面"是对前阶段教育信息化工作的拓宽与深入，那么信息化应用水平和师生信息素养普遍的提高则是教育信息化2.0时代布置给师生的艰巨任务。谈论起教育信息化，会使用电子设备、懂得技术操作容易，但是形成信息化思维、具备信息化意识，乃至于形成信息化素养则太难。因为这些内容的形成需要身心的投入及受到适当的点拨，但目前许多教师与学生都将信息化看作是辅助教学的一种工具，并不愿意真正改变原有的思维去接纳它。这样就使得信息化的进程产生了负面的循环，信息化的精神内涵没有带给师生重要的影响，同时，信息化也始终被边缘化，"排斥"在真正的教育教学之外。在这样的大背景下，"互联网+教育"也只能是一种简单的加法，只能是"1+1=2"，而不能实现"1+1>2"的生态转变。因此，使师生形成良好的信息化素养是教育信息化2.0时代基本发展目标的关键内容，也是2.0时代能否出色地完成阶段任务与阶段指标的一个重要的因素。

三、教育部确定"三提升一全面"的总体发展目标

2019年，教育部发布《关于实施全国中小学教师信息技术应用能力提升工程2.0的意见》（以下简称《意见》）出台，该文件具体阐述了中小学校长及教师如何提升自身的信息技术应用能力，如何促进信息化与教育教学的融合发展。文件中提道："校长信息化领导力、教师信息化教学能力、培训团队信息化指导能力显著提升"[①]为何将校长的信息化领导力放在首位这一点值得人深思，在一所学校中，校长不仅具有行政的话语权，更是学校教师的表率、是学校教育教学工作的支持者与把控者。校长的思维高度直接影响着学校的发展与未来，教育信息化在学校内的有序、有效地开展是以校长为牵头力量稳步进行的，倘若一位校长不具备相当的教育信息化的眼界与格局，那么对于学校师生的信息化发展是十分不利的。因此，校长的信息化领导力一定是被放在首位谈及的，所谓的信息化领导力，要求校长不仅要有较高的信息化水平可以成为

---

① 教育部发布《关于实施全国中小学教师信息技术应用能力提升工程2.0的意见》[J]. 教育发展研究，2019, 39（7）：6.

教师信息化学习路上的表率，更要求校长应具备信息化眼界与格局，能够将信息化融入本学校的教育系统之中。校长主导着一所学校的运行方式，一旦校长对信息化有了充分的关注与重视，那么这所学校就能成为教育信息化生长的一方沃土。

谈及教师的信息化教学能力，这个命题中蕴含着多个层面的意思。首先，教师应熟练掌握基础的多媒体教学设备的使用方法，并能够在教学中根据所需准确地选择与使用。这一点要求不同地区的教师所完成的程度是不一样的，在城市、区县的教师往往对于多媒体设备的操作更加熟练，而在乡村、偏远地区的教师则相对缺乏这方面的培训与实践。这与基础设施的配备有关，同时也与校领导的重视程度有关，这里又再次凸显了校长的信息化领导力的重要之处。其次，教师应具备信息化教学建设能力，教师应当明确一件事，即信息化设备并不是以"外来者"的身份参与课堂的，它是新时代课堂形态的诞生之源。因此教师不能将信息化粗糙地整合进课堂教学中，而应当在教育教学中寻找信息化的生长点，在信息化大背景下出发去寻找新时代教育教学的归宿。最后，教师应注重提升自身的信息化素养与信息化能力，督促自己以信息化的眼光去看待问题。能够在教育教学中善于发现、善于反思，有获取新信息的意愿，并且可以主动地查找信息、处理信息。除此之外，教师还应该善于利用信息并与人分享信息，能够在信息中思考，与人合作并交流。在面对各种困难处境时，教师能够快速抓取事件中的关键信息，并以开阔的思维与创新的手段去解决问题并进行探索，这是教师信息化素养成熟的表现，同时也是教育信息化对处于其中的主体产生深远影响的体现。

培训团队的信息化指导能力主要体现在信息化培训的广度与深度上，由专家、技术人员与具有丰富教学经验的领导和教师组成的培训团队，是对中小学领导及教师实施信息化培训的强有力组织。培训团队中培训人员的结构应该是多元化与多层次的，其中既有擅长信息技术的教员，又有相关领域内的专家，更有长期工作在教学一线的领导及教师。他们形成了全方位的培训系统，能够对信息化问题进行深入浅出地讲解，从而使受培训人员的信息化水平得到显著提升。培训团队的成员具备着较强的信息化能力与较高的信息化水平，但需要注意的一点是具备专业能力但不代表着具备同等的教授能力，培训团队人员应当更多地思考该采取怎样的措施与方法，才能使自己的所学所能以信息化知识的形式输出给他人。恰当的方式与精准的设计才是提升培训团队指导能力的重要因素，同时培训团队人员应注重自身信息化知识的更新与整合，唯有不断地自新自强才能为教育信息化注入活力。

《意见》中还指出："全面促进信息技术与教育教学融合创新发展。"①，这意味着信息化与教育教学之间由初步的"黏合"走向了深度的"融合"，融合创新发展是教育信息化2.0时代的核心命题，也是2.0时代与1.0时代的主要区别所在。"融合创新发展"既是对上述"校长信息化领导力、教师信息化教学能力、培训团队信息化指导能力"的总结，也指明了新时代中提升信息化领导能力、信息化教学能力与信息化指导能力的途径与方法。就"校长信息化领导力"而言，依托大数据与数字平台对学校管理系统进行改良与革新，是信息化领导能力的体现之一。学校领导者应打破传统管理模式，充分发挥信息化教育的优势，深入挖掘信息化与教育管理的结合点，做到管理理念的更新、管理方式的创新、管理模式的革新，做好学校信息化管理系统总体设计，为教育信息化2.0在校园内的推进打开崭新的局面。就"教师信息化教学能力"而言，教师应首先将自己变成信息化的支持者、受益者与传播者。教师应在教育教学中逐渐形成信息化思维，并且主动运用信息化知识去改造教学、改良教学，给予学生良好的课堂体验。教师需要学会将自己的学识与信息化进行有效融合，使信息化成为知识与经验的高效传递途径。在高校里，教师更应该积极主动地拓宽信息化的广度与深度，以信息化促进教学形态与课堂结构的变革，并通过教育与课堂的改变来促使学生意识形态的变化。只有当信息化教学对学生产生了积极的作用，使学生的某些理念与某些认知发生了改变，使其逐渐具备了信息化人才的特点，这时，在教育信息化背景下的课堂教学才真正地具备了信息化的精神内涵。就"培训团队信息化指导能力"而言，负责培训的专家与教师应当对教育信息化的培养目标有一个明确的界定，并且要尤为注意培训方式的信息化属性。培训团队的身份是比较特殊的，一方面，他们是教

---

① 教育部发布《关于实施全国中小学教师信息技术应用能力提升工程2.0的意见》[J]. 教育发展研究，2019, 39（7）：6.

育信息化的指导者与传播者，另一方面，也是教育信息化的践行者与先行者。双重的身份赋予了他们更为神圣的使命，即要以开拓者、先导者的身份践行教育信息化、普及教育信息化。这就要求培训团队在面对其他学校的领导和教师时应向他们展示信息化的魅力，并且以身作则，使自己成为教育信息化"行走的名片"。同时，培训团队可以多渠道、多途径地拓展培训方式与手段，背靠信息化技术，大力发展网上学习平台、改进培训学习模式、利用大数据进行分析与总结。在培训中运用信息化资源是对教育信息化的一种无声的传播，也是培训团队对自身、对教育信息化理解程度的最好诠释。

第二节　教育信息化2.0时代的本质与内涵

教育信息化2.0时代可谓是一场新的信息化革命，它的主旨思想、精神内涵与价值体现都与1.0时代有着巨大的区别。但2.0时代又是从1.0时代中孕育出来的，二者又有着相似之处，所以在进行研究时我们应当将2.0时代的特征与内涵进行详细阐述，一方面便于与1.0时代进行区分，另一方面也便于把握教育信息化2.0时代的核心主题。如果将教育信息化1.0时代看作是"第三次工业革命"，那么"当下正在发生的第四次工业革命即智能革命"①。所谓的智能革命也就是我们所说的教育信息化2.0时代，我们可以看出，教育信息化2.0时代的核心是智能、大数据。1.0时代更加强调对信息化"物的形态"的建设，而2.0时代则是在1.0时代搭建好的基础平台上，以大数据和智能为核心主题进行创造与创新。这就决定了2.0时代的本质与内涵与1.0时代是大不相同的，2.0时代的主要特征体现在教育的不同层面上，既包括了教育系统、教育管理、教育教学，也包括了教育观念与教育理念，如终身学习、教育公平、创新教育等。正因为2.0时代的内涵有着较深的延展，因此在探讨高校创新创业教育之前应对教育现代化2.0时代的精神内涵进行梳理，这不仅有益于对高校创新创

---

① 胡钦太, 张晓梅. 教育信息化2.0的内涵解读、思维模式和系统性变革 [J]. 现代远程教育研究, 2018 (6)：12-20.

业教育体系进行准确的架构，还可以将教育信息化2.0时代的内涵清晰地呈现出来。

一、教育信息化2.0时代的主旨思想

主旨思想是教育信息化2.0时代的核心体现，能够帮助我们认识到什么是教育信息化2.0时代，教育信息化2.0时代都有哪些特点。上文中提到教育信息化2.0是在1.0时代的基础上的继承与发展，"它以大数据和智能技术为触点，强调技术创新与机制创新，关注人的全面发展，旨在重构全新教育生态，形成具有国际先进水平的教育信息化中国智慧和中国方案。"[①]

这句话以简洁凝练的语言概括了教育信息化2.0时代的主要内容。首先，2.0时代的关键点是大数据与智能技术。回顾过去，1.0时代将计算机与半导体芯片作为发展的关键点，2.0时代与之相比无论是在思想规划上，还是在发展战略上都比其更具先进性与创新性。随身电子设备的多样化与云计算的出现使得大数据成为信息化时代的利器，有了大数据的支持，人们可以更快速地搜集和整理归纳信息，可以更快捷地处理整合信息，可以更直观地进行分析与操作。这使得信息传播得更加快速的同时也携带着关于自身特点的标记，这种"标记"可以使计算机运算起来更加精准与快捷，同时可以使人们在短时间内获取海量的资源，为生产与生活注入了强有力的活力剂。智能技术体现出来的是2.0时代，人们思维意识的转变，在教育信息化建设初期，人们更多地关注如何配备电子设备、如何打造基础信息化基地，更强调信息化使用技能的学习。但是随着信息化时代的前进，人们发现，若想让信息化在社会上产出更大的效益，就必须将目光放到智能技术的挖掘与创新上来。在生产生活中，人们不断产生新的需求、新的期望，而当今时代是信息化的时代，是技术与数据的时代。因此，不断满足人们对生活的需要，为人类生活服务是信息技术的责任与使命。在1.0时代，人们更习惯于对信息化技术进行"渐进式"的习得与

---

① 胡钦太，张晓梅.教育信息化2.0的内涵解读、思维模式和系统性变革[J].现代远程教育研究，2018 (6)：12-20.

使用，换言之，在信息技术领域内依旧存在着大片人类尚未涉足的领域，这不仅使人们难以窥见信息化的全貌，并使得"使信息化为人类服务"这句话成为空谈。若想改变这种人类受制于信息技术的局面，就必须进行主动的探索与学习，而在掌握基础信息技术的使用方法上进行思维与技术的再创新与再发展，是人们打破信息化时代的僵局，真正从"被动使用"走向"主动控制"的重要途径。

其次，教育信息化2.0时代的主旨思想还体现在技术创新与机制创新上。技术创新与智能技术概念的提出息息相关，其本质都是为了使信息化更加全方位地为人们的生产与生活服务。信息时代的到来为教育的发展提供了前所未有的契机，同时也是对教育的另一种考验，教育作为社会的一个子系统，在其自身的发展过程中存在着一些问题与不足。这些问题与不足和教育所处的社会大环境息息相关，如：造纸术未发明之前，人们利用竹简对文字与知识进行保存与传播，这就使得教育的受众范围极小、传播速度极为缓慢，非常不利于教育的发展。在封建社会时期，君权、父权的思想给教育的多样化发展带来了极大的阻碍，教育内容长期定于一统，使得教育对推动社会进步这一功能受损严重。在中华人民共和国成立初期，由于物质条件的匮乏与国际环境的限制，我国的教育水平远落后于发达国家的教育水平。改革开放后，我国的经济实力飞速地增长，并且带动了社会中许多领域的发展与进步，教育逐渐被人们重视起来，同时教育所培养出来的优秀人才也成了新世纪国际竞争的重点所在。但我国在大力发展教育的过程中由于环境的限制依然留存下来一些亟待解决的教育问题，如教育公平问题、本科生就业率问题，这些教育困境需要利用教育信息化的优势与特点进行解决。

在1.0时代完善信息化设备的基础上利用"互联网+"技术进行整合与创新，能够在一定水平上解决教育资源分布不均的问题，随着教育网络平台的搭建趋于完善，互联网上的教育资源呈现出一片生机盎然的态势。借助网络这条"大道"可以将优秀的师资输送到千家万户，可以在很大程度上缓解我国城乡教育资源分布不均衡的问题。"互联网+教育"的新模式有助于推进优质教育的普及，为许多受限于地理环境与经济环境较为落后地区的学子提供崭新的接受优质教育的机会。微课、慕课、云资源的大量涌现充分体现了教育信息化在技术层面上的创新，这种创新是为人的发展服务的，是为了社会的进步服务的。

如果说基础教育阶段面临着教育资源分布是否公平的问题，那么高等教育则面临着另一个教育困境。随着我国高等教育不断地扩招，在校大学生人数呈现出直线上升的态势。在越来越多的人能够有机会接受高等教育的同时，本科生偏低的就业率就成为一个让人担忧的新问题。大学生毕业之后往往很难找到称心如意的工作，甚至有些学生面临着"毕业即失业"的尴尬处境。在社会中，在可供大学生选择的岗位愈加趋近饱和的状态下，积极发展信息化技术、进行机制创新、寻求就业新途径则成为一个必要的命题。校园中，在信息化设备普遍较为完善的情况下，利用信息化技术与资源打造服务于大学生的就业系统是缓解大学生"就业难、就业率低"的一个有效手段。从举办大学生创业讲座到建设大学生创业服务中心，从网络资源视频学习到融合信息技术进行创业模拟，无一不体现了教育信息化2.0时代的背景下一种教育机制的改变与跃迁。

二、教育信息化2.0时代的精神内涵

教育信息化2.0时代有着它独特的精神内涵与核心主题，如果说教育信息化1.0时代是人们对信息化融入教育领域的初步探索阶段，那么在2.0时代拉开序幕时，其精神内涵就已经发生了根本性的转变。2.0时代的精神内涵可以用"创新"与"服务"两个词汇进行概括，"创新"不仅是2.0时代的精神内涵，更是2.0时代持续健康发展的驱动力。"服务"则是突出了教育信息化2.0时代是面向人的时代，是以促进人的提升与进步为目标的时代。

自从党的十九大报告中提出要办好网络教育时，创新的思想命题就深深地融入了教育信息化2.0时代的"血液"之中。之所以将"创新"视作教育信息化2.0时代的精神内涵之一，一方面是社会发展的需要，另一方面则是教育信息化自身发展的诉求。

首先，纵观历史，当今世界正处在"百年未有之大变局"之中。"百年未有之大变局"是我国国家领导人根据当今世界的形式提出的一个崭新的、全面的论断，之所以提出这个结论是因为电子信息与科学技术的崛起为世界的重

塑提供了契机，当今世界正在经历科技革命的洗礼。在历史的时间轴上回望，前一个"世界的大变局"是世界由"农业社会"转向"工业社会"，通过不同国家间的发展现状我们可以感受到，在"大变局"之中抓住发展机会的国家几乎都取得了瞩目的成绩与进步。我国在当时由于内忧与外患已经错失了一次大发展的机会，但信息化时代已然来临，这对于我国来说是一次前所未有的机遇与挑战。在当今世界中，谁能把握住科技这一核心命题，谁就能将科技产能进行最大化的利用，谁就能扣住时代的脉搏，谋取伟大的发展。因此，我国十分重视在信息与科技领域内的投入与发展，唯有如此，才能"有效助推先进科学技术快速转化为先进产能，在世界科技界占据制高点，助推我国在'百年未有之大变局'成功实现崛起。"[①]

科学技术的发展与创新离不开科学技术人才。因此，教育作为培养人的工具被赋予了时代的使命，发挥教育的育人作用，以教育信息化促进具备信息化素养、信息化能力的人才是我国当今教育的主要目标之一。社会的发展离不开科学技术，而科学技术的进步又离不开具备信息化素养的人才推动，若想在科技领域内取得创新，就必须注重创新型人才的养成。由此可见，创新这一精神内涵是时代赋予的，也是时代需要并高度重视的，教育信息化必须要以创新为核心思想，做到以教育信息化的创新推动教育形态的变革，在新的教育形态下培育具备创新思维、创新能力的新时代人才。

其次，教育信息化自身的发展也需要"创新"这一养分。我国的教育信息化从发展至今已经有了数十年的历史，任何事物发展到一定阶段都会出现瓶颈期，教育信息化也不例外。教育信息化最初是以"教学辅助工具""教学新媒介"等身份出现在人们视野中的，它对教育教学往往起到的是锦上添花的作用，教育信息化始终没有触碰到教育教学中的核心领域，只是在"外围"进行游荡。这与我们最初对教育信息化抱有的愿景相差巨大，在教育信息化发展了数十年后，我们发现教育信息化并没有按照最初的设想那般给予我们丰厚的回报，甚至是对于新时代人才的塑造也收效甚微。究其原因，无外乎我们对于教育信息化的认知一直停留在"使用"阶段，并没有深入挖掘它的内涵，从而忽

---

① 王少泉. "百年未有之大变局"：内涵与哲理[J]. 科学社会主义, 2019（4）：68–73.

视了教育信息化的变革力量。因此，教育信息化也就被人为地停留在了初级阶段，倘若教育现代化继续保持现状不思改变，那么很快就会丧失时代生命力。所以，我们之所以将"创新"视为教育现代化的精神内涵之一，是因为就教育现代化自身的发展来说需要创新、需要改变，只有敢于突破眼下的困境、勇于改变当前的现状，教育信息化才能开拓出更加宏大的局面。

教育信息化2.0时代另一重精神内涵就是"服务"，若想准确掌握"服务"这一精神内涵，就要明确教育信息化2.0要"为谁服务"，以及"如何服务"。教育信息化2.0时代与1.0时代不同之处在于教育信息化发展初期，1.0时代的核心思想与实际行动更多地指向物，包括网络基站的建设、电子设施的配备、应用技术的学习等，这些都属于物质层面的内容。但在2.0时代，教育信息化经过长时间的实践与反思后，其核心思想开始转变为指向人，开始以人的需求与人的培养为出发点发展教育信息化。因此，教育信息化2.0时代是一个服务于人的时代，是致力于打造人类更加美好的幸福生活的时代。教育信息化2.0就是要通过技术创新与机制创新在教育领域内掀起一场伟大的革命，完成21世纪崭新教育形态的转变。并通过大数据与智能技术满足人的多样化需求，为促进人的全面发展服务、为践行终身学习服务、为人的持续健康发展服务。

教育信息化2.0时代为人类服务的途径主要体现在依托于智能技术和大数据进行的创新上，人们已经不满足于只是简单地使用信息化技术，更希望能够让信息化技术满足人不同的发展需求。如：在全球大力提倡终身学习理念的今天，教育信息化的创新使人们这一发展诉求得到了有效的解决。互联网上大量学习资源的涌现与各种课程平台的打造使得人们可以足不出户获取自己想要的知识，这不仅赋予了知识更为广阔的传播空间，更极大地推动了终身学习的进程。教育信息化正是通过自身的智能性、数据性、创新性的特点来服务于人的多样化与时代化的需求，并在造福人类的同时实现自身的最优化发展。

三、教育信息化2.0时代的价值体现

近些年来对于教育信息化2.0时代的研究不断出现在人们的视野中，教育界也针对教育信息化2.0开展了广泛的讨论。但在教育信息化2.0成为一种崭新

的大环境时，它的价值又体现在哪里，它的出现又有着怎样的价值意义呢，这些问题值得我们去深入探究与思考，只有把握了教育信息化2.0的价值特征，才能在实践与建设中紧靠中心点，不至于偏离轨道。

首先，教育信息化2.0时代的价值特征体现在它能够推动教育变革，赋予教育以信息化时代的特征。教育的变革在很大程度上受当前社会环境的影响，从教育单独形成体系开始，它的每一次变革都带有着浓厚的社会文化色彩。在农业社会，教育的变革是以服务于封建系统为宗旨的，为了维护社会的和谐与稳定，教育所培养的多数是服务于统治阶级的人才。在农业社会向工业社会转变的时期，蒸汽机的齿轮牵动了教育的更新与变革。随着西方国家各种城市学校的出现，教育对象的范围扩大了许多，这个时期的教育主要是培养从事手工业劳动的人才。计算机和电子信息的出现将人类推进了信息社会，信息社会给教育又带来了一次冲击与改变。随着社会对信息化人才的需要，教育不得不改变自身原有的状态向信息化敞开怀抱，于是在教育信息化初期，各种多媒体设备与校园网络以肉眼可见的速度增加。教师在教学过程中往往也都会借助互联网与相关设备进行教学，但在教育信息化1.0时代，信息化对教育的影响还是"量变"的层面的，教育信息化2.0时代才是真正推动教育发生质的变革的关键。教育信息化2.0使得教育理念、教育目标及教育形式都发生了改变，教育理念更加强调人的全面发展、强调关注人的成长，并加强对学生进行信息化教育。

信息化社会的飞速发展，使得教育不得不发展并更新自身的现代化水平来培养符合社会需求的人才，因此教育理念也就随着发生了变化。教育信息化2.0时代的教育目标不再满足于只是培养具备信息化能力的人才，更加注重学生的信息化素养及信息化意识的培养。在科学技术占据着第一生产力的今天，培养出具备良好信息化素养的人才是推动生产力可持续发展的重要因素。同时，由于教育信息化2.0时代更具有创新性的特点，因此教育目标也将对学生的创新能力与创新思维的培养列入了重点范围。创新型人才是当今社会发展的活力剂与助推剂，也是信息化社会对教育界的新要求，更是教育信息化2.0时代教育目标的新内涵。就教育形式而言，教育信息化2.0时代改变了传统的教育形式，打破了家庭教育、学校教育与社会教育的空间壁垒。智能技术与"互联网+教育"的出现使得家庭与社会拥有更多的机会参与到孩子的教育中，构建信息化平台加强家校联系、模拟社会环境对学生进行实践训练，这些依托于电子信息技术的教育创新能够强有力地沟通家庭教育、学校教育与社会教育，从而改变原有的教育形式。

其次，教育信息化2.0时代的价值还体现在它打造了一个全新的教育生态系统——教育信息生态系统。朱永海等对于教育信息生态系统的定义是："教育信息生态系统是指在一定的信息空间中由教育信息、人、教育信息环境组成的相互作用的、自我调节的自组织、自适应系统。"[①]随着教育信息化的深化发展，教育信息生态系统也发生了改变。在整个教育信息生态系统中，教育活动犹如一株"植物"，各种智能技术与大数据形成"植物"赖以生存的必要环境，如水和阳光。除此之外，教育信息化促成的新理念与新平台则成为"植物"生长的养料，维系着教育活动的有序进行。而教师与学生、教育管理者、社会上的企业构成了不同的生态群落，这些生态群落吸纳着信息化的能量并且决定着生态系统的需求。不同的生态群落之间形成交互与循环，从而与整个生态环境相互作用形成一个闭合的生态链。在教育信息化2.0时代打造的这一生态系统中，共享与共生是生态系统的核心命题，大数据流将不同的生态群落有机地连接起来，并且在整个生态系统中形成持续地输入与输出。这样的资源大循环能够有效促进所有生态群落的共同发展，形成积极的发展态势，在促进教育活动这株"植物"良好生长的同时，还能够帮助其克服传统教育生态系统中的缺陷。

最后，教育信息化2.0时代的核心价值体现在通过对教育信息化2.0进行深入的探索与研究，并以大量的实践活动为基础进行再创新与再发展，最终制定出适合我国教育信息化发展的"中国方案"，并为世界提供"中国智慧"。在当今世界的竞争中，归根结底是人才的竞争、是科学技术的竞争，因此谁抢先占据科技的制高点，谁就能够在国际竞争中脱颖而出。信息社会的出现为我国提供了在国际与发达国家竞争的筹码，也是我国实现伟大复兴的伟大契机。如何牢牢地抓住这一契机则需要教育做强有力的支撑，教育信息化以其自身的特征与内涵来孕育信息时代的人才，这些人才将投身于信息化的建设与科学技

---

① 朱永海，张新明.论"教育信息生态学"学科构建[J].电化教育研究，2008（7）：84-89.

术的创新中，这就使得我国的信息化发展形成良性的循环，从而取得建设性的成就。教育信息化2.0时代将通过与中国的实际情况相结合，开辟出一条符合中国发展特色的教育信息化道路，完成教育与信息化的融合发展，切实提升教育信息化的产出效益。21世纪前后，各个国家纷纷开展了对教育信息化的探索与研究，众多国家也都加大了对教育信息化建设的投入。但当人们对教育信息化的成果进行验收时，却发现其收益与投入不成正比，以美国为例：2009年5月，美国教育部发表了其下属评估机构对全美各地2.1万名中学生所做的抽样测试。相关数据显示：当前中学生的阅读能力与计算机能力和30年前相比没有明显的差异。[①]这一数据不得不让人对教育信息化数十年的发展成果产生怀疑，因此重新界定教育信息化的内涵并切实将教育信息化转化为高效产能是许多国家都在思索的事情。中国对于教育信息化2.0时代的研究，以及相关理论的诞生无疑会为世界提供"中国智慧"，甚至在世界范围内呈现教育信息化的"中国范本"。

第三节　教育信息化2.0时代的社会影响和历史地位

信息化作为席卷全球的又一次宏伟的"革命"，其自身具备着独特的历史地位。对于经济层面而言，信息化引发了新一轮的产业革命，互联网公司及智能企业的兴起带动了各行各业的信息化发展。人类生活在离不开电子信息技术的同时也在助推着信息化的发展，随着"互联网+"的理念的形成，以及物联网的出现，人们的生活已然充斥着电子信息技术的身影。电商平台、智能化设施、网络媒体的出现掀起了一股经济浪潮，这股浪潮将所有身处这个时代的人裹挟其中，形成一种历史级的现象。对于文化领域而言，信息化时代不仅能够通过大数据与高端科技对已有的文化历史进行最优质的保存，还可以创造属于信息化时代的文化内容。纵观人类的发展历史，没有哪个时代比现在这个时代具有更加高质稳定的文化保存技术，信息化时代保存与传承文化的能力可见

---

① 何克抗.论教育信息化发展新阶段［M］.北京: 北京师范大学出版社, 2016.

一斑。除此之外，信息时代还创造了独属于自己的灿烂文化，智能与数据流为这个时代打下了鲜明的烙印，充斥着信息技术气息的文化烙印也必将在历史的长河中熠熠生辉。

信息化社会是人类发展至今的一种比较高级的社会形态，对社会中的不同领域都产生了极大的影响。在信息化的大背景下，教育这一子系统也产生了巨大的变革，教育信息化这一命题逐渐占据了教育界的主流视野，教育信息化的产生亦有着其独特的历史地位。教育信息化1.0时代是信息化与教育的初步结合，它的诞生标志着教育的发展进入了一个崭新的时代，在历史上有着不容忽视的影响。教育信息化2.0时代是对1.0时代的深化与创新，是在已有的成果上进行再发展，教育信息化2.0时代有着其自身的特点与内涵，也注定了具有独一无二的历史地位。教育信息化2.0时代的历史地位可以从经济方面、文化方面和教育自身的方面进行讨论，这样既可以明确教育信息化2.0时代对社会经济与文化的影响，同时也可以清晰地看出教育信息化2.0时代的历史地位。

一、教育信息化2.0时代对经济的影响

教育信息化2.0时代对经济的影响是间接的、交互的，之所以用"间接"与"交互"两个词语形容这种影响是由教育本身的属性决定的。教育信息化对经济的影响凸显在两个方面：第一，是通过刺激教育市场消费需求带动经济的发展；第二，是培养信息化人才，通过人才涌入市场间接推动经济的发展。随着信息技术对社会的影响日益加深，"互联网+教育"及多媒体信息平台愈来愈多地出现在人们的视野中，智能技术的发展与数据媒体的创新变革为经济领域创造了另一增收项目——线上教育。线上教育是随着教育信息化的发展应运而生的，当现实中的学习资源不能满足或者促进学生的学习与发展时，学生和家长往往转向线上教育这一以互联网与大数据支撑的教育资源平台。线上教育有着传统教育所不具备的一些优点，如：能够跨越时间与空间的限制、能够在数据库内储存教育资源、能够开展一对一辅导与训练等。正是由于线上教育的优势，加之智能手机与电子产品已然走进了千家万户，所以线上教育与教育培训行业如"雨后春笋"般冒了出来，极大地拉动了市场内需。因此，我们可以

清晰地看到，经历了1.0时代的发展与建设，在教育现代化2.0时代，信息化基础设施基本得到了普及。教育信息化2.0时代在强有力的物质保障的基础上进行了技术的创新与智能软件的开发，而这种服务于教育的技术与平台又被商家应用到商业中，促成了一种新型的买卖关系的形成。在人们已经认识到教育的重要性的今天，这种与教育有关的商品在不断刺激着人们进行消费，从而极大地促进了经济的发展。

前文中已经提到，当今正处于信息大爆发的时代，科学技术、智能服务、数据计算已经取代了工业时代的蒸汽机成为一种新型的社会产能。因此，在21世纪，谁走在信息化与科学技术领域的前沿，谁就掌握了当今时代的"财富密码"。而信息化与科技智能的发展显露出大量的人才缺口，这些人才必须具备深厚的信息化素养、创新的意识与能力、合作的思维与态度，只有达到这个时代对人才的要求和标准，才能成为时代的"弄潮儿"，才能更好地投身于社会的建设中去。信息化人才的培养归根结底需要教育信息化的滋养与哺育，只有尽可能地创设好教育信息化2.0时代这个大环境，才能使学校教育以教育信息化2.0时代的精神内涵去培养学生。

教育信息化2.0时代对经济的影响是间接的、交互的。间接性是指教育信息化2.0并非是直接对经济产生作用从而促进其发展的，它总是通过某一"中介"对经济产生影响。例如在"通过刺激教育市场消费需求带动经济的发展"这一条中，教育信息化2.0首先要更新自身的数据库与智能技术，不断强化自身的硬软件设施，而后再通过市场上的买卖双方根据实际需求对这些软件与技术进行改进或融合，最终形成一套完备的机制模式。至此，教育信息化2.0依旧没有促进经济的发展，它必须通过"企业与商人"这一"中介"才能够转变成为一种经济带动力量，才能够真正为经济建设服务。而教育信息化2.0通过培养信息化人才来促进经济的发展则是其具有间接性更明显的体现。教育不像其他工具那样能够直接得出定性的成果，教育所培养的对象是"人"，这就使得教育的大部分成果都是由教育所培养的人来完成的。因此，教育对于经济的影响亦是如此，在教育信息化2.0时代的大背景下，教育正是通过培养大量的符合经济发展需求的人才间接地拉动经济的发展。

教育信息化2.0时代对经济影响的交互性体现在这种影响并不是单边的，

而是一方作用于另一方，另一方又对其产生反作用。当教育信息化2.0为买卖双方提供了可以交易的资源时它也在被市场进行选择，简而言之，教育信息化2.0以其自身的智能性与创新性间接地拉动了经济的发展，同时市场的需求与消费者的需求又形成反作用力，促使教育信息化2.0不断向前发展。教育信息化2.0不仅是输出者，更是输入方，这种交互性的经济影响对教育信息化2.0和教育市场都形成了一定的约束力与压力，但这种压力对双方的发展都是有所助益的。当教育信息化2.0通过其所培养的人才促进经济的发展时，它的交互性特点就体现得更加的清晰和具体了。教育信息化2.0所培养出来的人才不仅是拉动经济的中坚力量，更是促进经济环境不断发展的主力军。一方面，教育信息化2.0通过培养人才这种手段促进经济的增长；另一方面，也在享受着信息化人才对经济的建设成果。经济环境是教育持续发展的前提与物质基础，也是教育这一上层建筑的基石，只有当经济发展形势一片大好，教育乃至于教育信息化才能够向纵深处发展。

二、教育信息化2.0时代对文化的影响

教育信息化2.0时代的快速发展不仅对社会经济产生了一定的影响，对于社会文化而言，教育信息化2.0也起到了促进文化传播与发展的作用。文化是人类创造、保存并传播的，人的发展环境决定了文化的底色。信息大数据、智能设备，以及数据媒体的大量涌现使得不同文化领域内的人们之间的交流逐渐变得密切起来，信息化带来了全球化，加强了世界不同国家、不同种族的人民之间的沟通。纵观人类的历史，没有哪个时代如当今时代这般能够给不同形态的文化提供如此便捷、广泛的交流平台。而教育信息化2.0正是乘着时代的"东风"通过培养具备信息化素养的人，使丰富多彩的人类文化进行高质量的融合与发展。

习近平总书记在亚洲文明对话大会开幕式上发表主旨演讲指出："文明只有姹紫嫣红之别，但绝无高低优劣之分。"不同国家与民族的文化由于历史与地理环境的影响具有着不同的特点，在全球化的今天，不同的文化在面向世界输出的过程中应该注意对文化进行选择与取舍。文化的大传播势必带来文化

的杂糅与融合，但在这个过程中无论是文化输出方还是文化接纳方，都需要学会对不同的文化进行甄别与选择。文化的输出质量影响着文化融合的质量，同时，文化的接纳选择也会对本国的文化带来或是积极或是消极的影响。若想在文化的传播中使高质量的人类文化得以保存与整合，就必须从人的素质培养上入手。具备良好信息化素养与丰厚的文化底蕴的人才是推动人类文化高质量融合的关键，因为他们具备丰厚的文化底蕴与鉴别能力，可以对不同的文化进行筛选，确保优质的文化占据主流。

若想在社会中培养出这样的人才就需要大力发展教育信息化，以教育信息化的力量培养人才。教育信息化2.0时代与1.0时代的区别在前文中已经做了详细地论述，正因为教育信息化2.0时代以智能与创新作为核心理念，所以在教育信息化2.0时代的大环境下成长起来的人才自然而然地具备着一定的创新素养与信息化素养，才能在推动文化高质量融合发展方面贡献巨大的力量。当今时代的文化大融合离不开信息技术的支持与优秀信息化人才的推动，教育信息化2.0对文化的影响正是通过培养信息化人才进行的，这也是教育信息化2.0时代对文化产生间接性影响的体现。

教育信息化2.0的出现与发展不仅能够促进当今世界中不同的文化进行高质量的融合，同时还能够以人为"渠道"，创造出以创新性与多元性为特点的文化。每一种文化都是人根据当时的历史环境所创造的，因此文化不仅是人类智慧的体现，更是当时社会环境与历史环境的集中反应。教育对于某一历史时期文化的形成具有深远的影响，教育的主流思想往往会成为社会文化形成的重要因素，可以说，在人类文化的形成与发展历史中，教育占据着重要的地位。当教育走进教育信息化2.0时代，其自身的发展特性势必会对已有的文化产生一定的冲击，并以人为"桥梁"，创造出具备教育信息化2.0时代特征的社会文化。

探究文化的历史不如说是探究人类发展的历史，人的思维理念与认知水平对文化的塑造而言具有着重要的作用。在教育信息化2.0时代大背景下，人们身上的某些素养被充分地关注，并且在接受教育的过程中得到了切实的锻炼。而这些素养的激发与发展形成了生活在当今时代的人的一种"共性"与"特性"，正是这种"共性"与"特性"促进了属于这个时代的文化的形成。

至此我们发现，教育信息化2.0时代对社会经济与文化所产生的影响几乎都是通过"人"这一载体实现的。这是因为"人"是教育活动的具体对象，教育所有的计划与方案都是围绕着人展开的，教育的最终目的也是为了促进人的最优化发展。因此，教育信息化2.0时代对经济文化的影响皆具有间接性，若想使教育信息化2.0对经济与文化产生积极的作用，就必须从"人"入手。这也恰好回归了教育信息化2.0时代的落脚点，即促进课堂教学的高质量发展，提高教学效益，并且提升学生的学习效率。

三、教育信息化2.0时代的历史地位

所谓历史地位，就是教育信息化2.0时代在历史上起到了怎样的作用。教育信息化2.0时代不仅是信息化的新时代，同时也是教育的新时代，在人类社会已经迈进信息化时代的今天，教育信息化2.0时代的建设意义显得尤为重要。教育活动的对象是人，而人又是历史的建设者与推动者，因此教育信息化2.0时代对历史的作用是广泛的、多面的。教育信息化2.0时代的历史地位主要表现在它可以推动信息化时代的深化发展、开辟教育的新纪元，并促进人类思维模式的转变。

首先，教育信息化2.0时代是信息化与教育结合的产物，是信息化在教育领域内深层次地发展。信息化是教育信息化的基础，同时教育信息化又能够反过来推动信息化时代的深化发展。可以说，教育信息化2.0时代是信息化社会的助推剂与动力器，只有当教育培养出满足时代需要的人才，这个社会形态才能不断进行发展与优化。教育信息化2.0之所以能够成为信息时代发展的助推器，是由两种原因决定的：其一，教育信息化2.0通过自身的理念创新与技术创新对人们产生影响，普遍提升大众的信息化素养，从而促进信息时代的发展；其二，教育信息化2.0通过培育能够建设信息化时代的人才间接地推动信息时代的前进。

人类意识形态的变化往往会随着社会的进步而发生更迭，如果人类的意识形态水平与当前社会的意识形态水平不相符的话，那么就会对社会的发展造成阻碍，甚至有可能会造成社会割裂的情况。因此，提升信息时代人们的信息

化素养是十分必要的，这不仅是为了促进信息社会的可持续发展，同时也是为了提升人们的生活幸福感与满足感。在当今社会中智能设备的应用极其广泛，人们的生活已经与信息技术分不开了。支付手段智能化、出行数据化、学习信息化等越来越多具备信息化时代特点的日常现象的出现，使得人们的生活方式早已深受信息化的影响。倘若一个生活在信息时代的人连基础的信息化素养都不具备，那么他的生活必会受到较大的影响，他的日常生活中势必会不断出现大大小小的"信息化阻碍"。

　　而如何提升公民的信息化素养已经成为21世纪提升人民幸福生活水平的关键，传授公民一定信息化设备的使用技巧，以及塑造其信息化思维离不开教育这一核心途径。教育的本质特点就是"教化"与"教导"，教育在不同的历史时期中都承担着"化民成俗"的重要任务，在信息时代中也不例外。教育通过自身的信息化发展能够为大众提供更全面、更丰富的信息化教育资源，如开通网络教育平台，使人们能随时随地开展学习活动；多方面创建教育渠道，依托互联网将人们需要的信息资源输送到千家万户；不断吸纳与整理教育信息，形成教育大数据，为人们提供所需要的信息内容等。这些方式能够为人们打造较全面的信息技术学习体系，使得公民的信息化应用能力及相关素养得到显著提升。如何使教育更好地为人类的信息化进程服务，则需要教育自身的不断成长和超越，教育信息化2.0则是一种教育的新形态，随着教育信息化2.0时代的发展与进步，人们的信息化能力与素养必将实现质的飞跃，从而促使信息化时代持续纵深化发展。

　　除此之外，教育信息化2.0时代的优势不仅体现在依托于技术的革新与信息化的创新来提升教育的效益与能量，更重要的是在于教育信息化2.0将"教育"与"信息化"二者进行了深度的融合，充分吸收了彼此的优势，在技术与智能的保障下，将"育人"这一功能发挥得淋漓尽致。教育信息化2.0直接面向的就是教育的狭义对象——学生，教育信息化2.0的优势也直接体现在对学生的教育教学中。而在教育信息化2.0大环境下成长起来的孩子会受到教育信息化2.0的深厚影响，当学生成长起来后，他们又会将这种影响带到社会中去，从而在社会上形成良性的循环。至此，教育信息化2.0就通过"人才"这一渠道实现了对信息化社会进程的推动作用，以此促使信息化社会不断地发展与前行。

其次，教育信息化2.0时代的历史地位还体现在它开辟了教育历史的新纪元，使教育这一人类活动呈现出了崭新的面貌。教育的发展一直以来都深受历史环境与社会环境的影响，社会的经济与需求决定着教育的走向。在原始社会时期，教育尚未从社会这一大系统中脱离出来，教育的形态更是显得模糊不清。在农业社会时期，教育被打上了鲜明的农耕文化的烙印，教育逐渐从社会系统中剥离出来，形成独立的教育体系。在这个时期，教育是少数人才有权利享受的"奢侈品"，教育的内容也多是"忠孝仁礼"的思想。进行教育的场所从"学在官府"逐渐下移到乡邑之地，在教学方法上多以灌输法与格物法为主，较少强调学生个体的思考。在工业社会时期，教育的内容变得更加的多元化，教育整体体现出了一种包容性的局面。但是由于教育理念的保守性与落后性，使得我国教育的发展始终处于一个较低的水平。随着国家发展的稳步前进、经济的飞速增长，教育为社会发展提供的动力逐渐紧缺，这就需要教育改变自身的发展现状，以一种崭新的教育理念与形态为社会的发展培养所需要的人才。

随着人类社会步入信息化时代，教育也随之进入了信息化的发展阶段。在教育信息化1.0阶段，我国更注重对国内各个地区、各个层级的学校进行信息化基础设施的建设与普及。由于我国没有经历过资本主义社会的发展，因此在中华人民共和国成立初期，国内的经济处于极低的水平。在改革开放之后，我国的经济才开始逐渐好转，并出现了腾飞之势。社会的经济是教育的先导，也是支撑着教育发展的物质基础，在中华人民共和国成立初期经济低迷状态的影响下，我国的教育发展始终落后于西方国家。因此，在教育信息化初级阶段时，我们始终致力于教育基础信息化设施的建设，搭建网络基站、完成校园网覆盖率、配备教学多媒体设施及开辟信息化教室等。在这一时期，教育虽然呈现出了与传统教育不同的特点，但是这种特点只是显露于教育的表面，并没有对教育的实质内容产生影响。因此，教育信息化1.0时代并不能称之为教育的新纪元，只有当教育由内到外发生了巨大的改变时，才能说教育已经呈现出了全新的发展态势。

教育信息化2.0时代是在教育信息化1.0时代基础上的再发展与再创新，它是针对教育活动内部的规划与改革。教育信息化2.0时代对教育信息化设备进行充分的开发与应用，并且在大数据与智能技术的加持下对教育教学进行了再创新，立志于打造新一代的智能化校园，使教育这一社会活动变为推动社会经济文化高速发展的动能。之所以说教育信息化2.0时代开辟了教育的新纪元，主要体现在教育理念的更新与创建新的教育形态上。教育信息化2.0更加强调教育教学的创新与个性化发展，因为教育信息化2.0的核心要素就是创新发展，因此在这个大背景下，教学也强调对学生创新思维与创新能力的培养。这在教育史上是前所未有的，翻开教育史的篇章，还没有哪一时代的教育如当今时代这般如此看重"创新"。教育信息化2.0时代正是以创新的方式与理念来培养具备创新素养的人才的，并且以"创新"这一力量推动历史的车轮不断前进。

在信息技术飞速发展的前提下，教育信息化2.0在技术领域与智能领域内都取得了喜人的成果。教育信息化2.0以创新发展为理念、以深度融合为主旨，充分利用信息化设备与资源，构建了具备教育信息化2.0时代特点的教育体系。随着大数据发展日益成熟，网络上的教育资源形成了庞大的教育信息库，学习者可以通过精准搜索提取自己需要的教育信息内容。除此之外，智能化校园、智能化课堂的构建使得学生的学习活动也发生了转变，学习活动打破了传统的书本的限制，通过创设虚拟情景与提供技术手段为学生创造全新的学习环境。这使得教育形态除传统的学校教育、家庭教育、社会教育之外，又增加了一项"网络教育"，这无疑是教育史上的一项重大的变革，更是教育迈进新纪元的主要体现。

最后，教育信息化2.0时代的历史地位还体现在它促进了人类思维模式的转变。社会是否进步的标志在于人们的思想认识是否发生了质的改变，同时人的思想认识的转变也是人类发展与进化的体现。不同社会历史时期的人们的思想观念是完全不同的，我们可以回想我国封建社会人们的思想认知是怎样的，中华人民共和国成立初期人们的思想认知又是怎样的。我们再把目光投向世界，欧洲中世纪时期人们处于愚昧无知的状态，民众的思想被压制在神权之下，直到文艺复兴时，人们的思想才发生了质的改变，开始寻求自由与解放。人们观念意识的转变往往会为社会带来巨大的改变，历史的车轮往往就在此时改变了前行的方向。在信息化的今天，教育信息化2.0时代所提倡的"创新""智能""融合"等理念也在改变与重塑着人类的思维模式。

大数据的出现拓宽了人类的思维宽度。大数据具有数据量大、数据多元性等特点，这些特点使得原本独立的个体数据信息之间形成千丝万缕的联系。大数据在人们的面前呈现出了由数以亿计的数据联合而成的数据流，数据流可以帮助人们更加快速、准确地进行查找与计算分析。人类的思维能力并没有得到生理性地增强，但是在数据流的帮助下，人们在一定的思维领域内却加快了运算与分析的能力，这就使得大数据在某种意义上提升了人类的思维宽度。

智能化环境的构建促使人类的思维由"用"到"变"发展。在人类刚步入信息时代时，除却少部分信息化领域内的开发人才，绝大部分人对于信息化设备都是处于"使用"与"探索"的阶段，信息化尚未真正融入人们的日常生活中。但是随着信息时代的深化发展，以及教育信息化2.0时代的出现，变"使用"为"应用"、变"探索"为"创造"等思想观念不断涌现出来。教育信息化2.0时代所提倡的构建"智能化校园""智能化教育"等理念，不断地促使人们的思维模式由"用"向"变"发展，信息化时代中的人们正在从"被动使用"的地位向"主动创造"的地位转变。人们从最初接触信息化领域时的好奇与小心翼翼变得愈加的熟练与自如，而教育信息化2.0更是推动了这一进程的发展。

高端的科学技术促使人们的思维模式向更高层次发展。当人类的某一历史阶段发展到一定程度的时候，必然有新形态的文化来代替原本的文化。教育信息化2.0时代秉持着与信息化深度融合发展的理念，因此在一段时间过后，教育领域内势必会涌现出一批高科技教育设备。这些高科技教育设备的广泛投入与使用会在教育界激起不小的涟漪，而当教育中充满着高科技的身影，那么学生势必也会受到科学与技术的影响，形成与众不同的思维模式。

第四节　教育信息化2.0时代的虚拟性与现实性

教育信息化2.0时代是依托于大数据与智能技术的教育新时代，也是教育教学中充斥着科学技术与信息化气息的新时代。教育信息化2.0强调对智能化校园与智能化课堂的构建，因此在教育教学中势必会经常出现智能技术的身影。智能化课堂具备着虚拟与现实两种属性，一方面，许多科学技术如"VR技术""3D打印机技术"及"虚拟实验室"等，这些高科技产品的出现使得学校课堂呈现出虚拟性的特点；另一方面，这些智能技术又将虚拟与现实沟通起来，将虚拟世界的成果作用在现实中，以此提升学生的学习效率及课堂的层次水平。虚拟性与现实性是教育信息化2.0时代的基本属性，把握好这两个基础属性的性质与二者之间的关系才能对教育信息化2.0时代有一个更加深入与透彻地了解。

一、教育信息化2.0时代的虚拟性体现

首先，教育信息化2.0时代的虚拟性体现在智能技术上。智能技术这一词汇本身就具有虚拟性的意味，教育信息化2.0提倡将智能技术融入课堂教学中，发挥智能技术的优势提升教学效果。目前课堂教学中应用频率较高的是"VR技术"与"3D打印技术"，这两种智能技术开发得较早，并且具有较强的实用性，能够较好地融入课堂教学之中。随着以这两种应用为代表的智能技术走进课堂，在教育信息化2.0时代背景下的课堂教学便被赋予了智能化与虚拟化的含义。利用智能技术进行教学不仅是教育信息化2.0时代的特点之一，也是教学中的一种新形式与新面孔，能够极大地激发出学生学习的兴趣，从而更加有效地提升学生的信息化素养。

"VR技术"是virtual reality的缩写，中文含义就是虚拟现实技术。VR技术从出现到成熟共经历了四个发展阶段，分别是虚拟现实技术的萌芽阶段、虚拟现实技术的初级阶段、虚拟现实技术概念和理论的起步阶段及虚拟现实技术理论的完善和应用阶段。"VR虚拟现实技术可以通过计算机系统模拟三维虚拟世界，从而创造出一种近似现实世界的体验系统。"[①]它具有较强的交互性、虚拟性与体验性，将VR虚拟现实技术融入教学中不仅可以为学生带来全新的感官体验，更可以挣脱现实条件的束缚，为学生创建虚拟的学习环境。

---

① 徐振立.浅谈VR虚拟现实在我国的现状及发展趋势[J].计算机产品与流通，2020（1）：157.

在基础教育阶段，VR虚拟现实技术更多地出现在学科教学课堂中。VR技术可以帮助教师呈现在现实课堂中难以实现的教学情景，可以使学生更加直观、生动地感受相关教学内容。在理科教学课堂中，VR技术可以为学生呈现带有危险性质的实验场景，可以带领学生体验自然文化奇观，可以帮助他们仔细观察生物的不同构造。在课堂教学中，VR技术可以最大限度地发挥出它的交互性与体验性，拉近学生与知识之间的距离，大幅度地增强课堂的感官体验，极大地激发学生的学习兴趣。在高等教育阶段，VR虚拟现实技术往往被用于实践性较强的专业与领域中。如在医学领域，利用VR技术可以为学生提供虚拟的练习环境，并且可以帮助学生进行虚拟医学实验。在建筑专业中，VR虚拟技术的应用就更加广泛了，虚拟的模拟与操作增加了建筑设计的容错率，可以使建筑物在蓝图阶段得到高度模拟与试验。VR虚拟现实技术还被应用于高校的创新创业课堂中，以智能技术为基础为学生提供创新创业演练的场地，是当今高校创新创业课堂的一种新模式。

现如今，VR虚拟现实技术在教育领域内有着较为广泛的应用，但无论VR技术是出现在中小学的课堂还是出现在高校的课堂，无一例外地都带有"虚拟性"的特点。因为VR虚拟现实技术的本质就是通过创设虚拟的三维空间为使用者带来无比接近真实的感官体验，在VR技术创设的虚拟空间中，使用者可以进行一系列的操作改变虚拟三维空间内的物体，这就使得VR虚拟现实技术又具备较强的实践性与操作性。VR虚拟现实技术作为教育信息化2.0时代的主要智能化技术之一，它自身的虚拟性特点对教育信息化2.0时代产生了深厚的影响，也是教育信息化2.0时代虚拟性的主要体现之一。

其次，教育信息化2.0时代的虚拟性体现在以互联网、大数据、云计算为依托的教育形式上。在传统教育中，学校、课堂都是存在于现实中的，教师与学生也都是面对面的，因此传统的教育的特性是现实存在性。在教育信息化1.0阶段，随着网课平台的建立及国家"一师一优课"理念的提出，教育已经从传统课堂的限制中解脱了出来，开始迈向了网络虚拟世界。教育信息化2.0时代拉开帷幕，教育也大大加快了由实体转向虚拟的进程。"互联网+教育"是一种崭新的教育模式，通过发挥互联网的优势将教育吸纳进互联网的体系之中不仅可以赋予教育时代活力，还可以使教育吸收科学技术的养分而变得愈加苗壮。"互联网+教育"不仅仅是局限于学校教育之中将科学技术与教育教学进行简单的整合，"互联网之于教育并非仅仅针对院校教育，而是以社会大众为主体和目标的社会化教育，是一场从量变到质变都发生深刻变化的大教育革命。"①

"互联网+教育"的出现为教育增添了许多虚拟性与科技性的色彩，教育网络平台的建设与畅通使教育的对象不断扩大化。大数据可以建立起智能教育数据库，搜集与教育有关的数以亿计的信息并通过复杂的计算将这些信息转变为有价值、可利用的信息集合。通过大数据技术所得出的结论不仅可以观察到教育的变化与需求，更可以以此为基础推进教育向前发展，使大数据成为教育发展的有益动力。大数据的收集与运算是通过复杂的计算机系统和大数据计算软件进行的，这种在计算机上进行的虚拟计算是教育信息化2.0时代的又一虚拟性体现，而教育信息化2.0时代正是通过对教育大数据的捕获与分析所得出来的有用信息来促进自身的发展的。

二、教育信息化2.0时代的现实性体现

教育信息化2.0时代是以信息化技术，以及智能化技术为核心的教育新时代，在教育信息化2.0时代的背景下，智能软件与信息技术的创新发展及教育教学与科学技术的融合发展是一直被广泛讨论的话题。科学技术与虚拟网络的加持使得教育信息化2.0时代蒙上了一层虚拟、神秘的面纱，但在虚拟朦胧的面纱下教育信息化2.0时代还有着其充满现实性的一面。教育信息化2.0时代的现实性体现在它的最终目的及落脚点上，教育信息化2.0时代的对象始终都是"人"，而人的存在具有直接现实性，因此教育信息化2.0时代也具有着浓厚的现实性。

首先，教育信息化2.0时代的现实性体现在它是以促进课堂教学效率的有效提升，以及学生学习效率的提高为落脚点。教育信息化2.0时代是教育领域信息化、技术化发展的时代，但是无论教育如何发展，它的本质都是始终不变

---

① 刘云生. 论"互联网+"下的教育大变革 [J]. 教育发展研究, 2015, 35（20）: 10-16.

的，即教育永远都是培养人的社会活动。所以，教育的落脚点始终要落在实际教学与生活中，倘若只关注教育信息化2.0智能化与信息化的层面而忽视了对人的培养，那么就会背离教育信息化2.0的初衷。在教育教学中应用各种智能化技术与手段是为了强化课堂教学效果、提升教育教学质量，而不是为了应用而去应用。当我们明确了教育信息化2.0时代中智能化技术手段，以及互联网资源的最终指向时，教育信息化2.0时代的现实性也就不言而喻了。

教育信息化2.0时代的出现是为了更好地将教育投资转变为教育产能，所有的创新性与智能性都是它的特点，所有的信息化手段与智能技术都是它的途径，教育信息化2.0时代最终要落实在现实的课堂教学中、落实在实际的教育生活中。在课堂中运用智能化技术时，教师应注意设计好智能化技术与教育教学的结合点，不能毫无章法地乱用一气。教师应当明确智能化技术设备是为了更好地推进教育教学，而不是单纯地在教学中涉及或表演它们。智能化技术与设备的有效结合能够为课堂教学注入新鲜的"血液"，能够打造全新的课堂教学形态，从而有效提升课堂教学效果，为信息化人才和创新型人才的培养助力。因此，纵使信息化技术与智能化手段的自身具备虚拟性的特点，但是当它们被用于教育教学中时，它们又与生活实际紧密相连，从而也具备着一定的现实特性。

其次，教育信息化2.0时代的现实性还体现在它的教育目的上。教育信息化2.0通过智能化手段与信息化技术，以及创新的融合发展理念来培养具备信息化素养与创新精神的人才。教育信息化2.0时代的教育目的最终要落到对人才的培养上，而"培养人"这一教育目的是具有现实特性的。人生活在现实中，任何技术手段与思维理念都是为了人的更好地发展而服务的，就这一点而言，教育信息化2.0时代就具备充分的现实性特点。在对教育信息化2.0时代进行设计与建设时，我们虽然要注重以智能化与信息化为先导，注重对创新型教育理念的落实与实践，但是我们始终不能忘了教育信息化2.0的目的与归处。

在教育信息化2.0时代的大背景下，教师要具备清晰地教学思维并且对教育信息化2.0时代的内涵有一个明确的认识。智能技术及信息化手段都可以在教学过程中进行使用，但是最终都要作用于人的发展上，只有当智能技术和信息化手段真正地促进了人的发展时，教育信息化2.0才切实地发挥了作用。教育信息化2.0的最终目的是要促进人的全面发展，任何的信息化渠道及举措都是通向这一目的的途径之一，因此我们不能舍本逐末，只注重修葺"途径"而忽视了目的地的方向，只有实实在在地关注生活在现实中的人，才能使教育信息化2.0时代抵达更远的未来。

三、教育信息化2.0时代虚拟性与现实性的关系

在上文中我们已经论述了教育信息化2.0时代的虚拟性及现实性的特点，但二者之间存在着怎样的关系呢，虚拟性与现实性又是如何相互作用的而后共同发展的呢。这些问题值得我们继续深入探讨，当厘清教育信息化2.0时代的虚拟性与现实性之间的关联时，我们才能得以窥见教育信息化2.0时代的全部面貌。我国目前的哲学理论是以马克思主义哲学为基础建设起来的，马克思主义哲学中有一个著名的观点，即"矛盾论"。"矛盾论"中认为，矛盾是普遍存在的，矛盾双方总是既相互区别、又相互联系，而事物正是在矛盾双方在不断斗争中进行发展的。在教育信息化2.0时代背景下，教育信息化2.0的虚拟性与现实性组成了一对矛盾，按照马克思主义的观点，矛盾的双方是互相对立但又彼此促进的，因此教育信息化2.0时代的虚拟性与现实性既有区别对立之处，又有联系发展之处，二者具有着对立发展的关系。

首先，教育信息化2.0时代的虚拟性与现实性是互相对立的。前文中已经提到过，教育信息化2.0时代是依托于智能化技术，以及大数据等构建的教育新时代，智能化、信息化、数据化这些内容本身的性质决定了教育信息化2.0时代具有着虚拟性的特点。但又因为教育活动是实实在在地发生在现实生活中的，教育活动的对象——"人"又具备着现实存在性，因此教育信息化2.0时代又具备着现实性。这就意味着在教育信息化2.0时代的背景下，虚拟性与现实性这两种属性是对立存在的，任何一方都不能完全定义教育信息化2.0时代的全部内涵。在实际的教学活动中，虚拟性与现实性这两种属性不能同时存在于同一教学情景中，如教师若是利用VR虚拟现实技术让学生学习、体验某种知识情景，那么此刻的教学就是在虚拟的环境中进行的；倘若教师在现实生活中传授给学生相关理论知识，那么此时的教学空间就是实际的、真实的。因

此，在教育教学中教师一定要掌握好虚拟性与现实性这两种属性，注意这两种属性在现实教学中的分配比例，发挥两种属性的各自优势，打造优质的教育信息化2.0时代的课堂。

其次，教育信息化2.0时代的虚拟性与现实性又是互相联系的。虚拟性与现实性由于自身的特点使得它们注定是对立的关系，但是在教育信息化2.0时代中，虚拟性与现实性又是同时存在于教学情景中的，共同发挥着作用，因此，二者之间又存在着千丝万缕的联系。任何一方都不能脱离另一方单独地存在，若是在教育教学中只注重对学生进行现实性的教学，那么教育信息化2.0就显得毫无意义了，教育信息化2.0时代的特征也就荡然无存。相反，若是在教育教学中只注重教学的虚拟性，而忽视了现实意义中的教学，那么就会使得教育变得"假大空"，犹如"空中楼阁"一般经不起时间的考验。因此，教师在进行教学时应充分考虑教育信息化2.0的虚拟性与现实性，权衡好二者在教学过程中的比重，这样才能使二者有效结合并发挥出巨大的作用。虚拟性与现实性共同编织成了教育信息化2.0时代的一张"大网"，在这张网中，虚拟性与现实性紧密相连，"你中有我、我中有你"。教育工作者要寻找的是这张大网中的结点，换而言之，也就是要精准把握虚拟性与现实性有效结合之处，唯有如此，才能在教育教学中对二者进行有效设计。

教育信息化2.0的虚拟性要通过现实性才能发挥出作用。虚拟性是教育信息化2.0时代的一个鲜明特点，它不仅体现了教育与信息技术的充分结合，更体现出了新时代的教育在向信息化与科学技术方面的不断延伸。智能化与信息化为教育开辟了新的空间，使得教育在一定程度上能够摆脱现实条件的限制，向虚拟的、多彩的领域中发展。但就目前教育信息化2.0发展的水平与阶段而言，教育不能完全脱离现实而在虚拟中生存、发展，况且教育本就是人类社会活动的一种，自身就具备着现实存在性。因此，各种在信息化与智能化的基础上建立起来的科技手段都只是教育现代化2.0时代的一种新途径、新手段，它们不可能完全取代现实生活中的教育。多样化的信息与技术手段都是为了更好地提升教育教学效果，它们在教育领域中出现的目的是为了打破一些教育的僵局，为了以智能化与创新型思维培养学生。但是教育的对象——"人"终究是活在现实中的，无论他们是从现实世界还是虚拟世界获取知识经验，最终都要在实际生活中进行运用与检验。况且，VR虚拟现实技术、3D打印技术、大数据或者云计算，它们是以现实为基础进行技术操作的。VR虚拟现实技术所反映出来的都是现实中学生由于空间的限制没有办法直接观察到的东西，大数据也是集现实素材为一体，通过运算从而得出的某种可以用来改善现状的潜在规律。倘若学生只是在虚拟情景中掌握了某些知识与技巧，而不能在现实生活中得以运用的话，那么我们也不能说他习得了某种知识，充其量只能说他了解了一些知识罢了。因此，教育信息化2.0时代的虚拟性需要通过现实性来发挥作用，我们不妨将各种教育技术手段与设备看成是信息时代下的智能化的"书本"，但"唯书本论"在哪个时代都是行不通的，一定要将理论与实践有效结合，将虚拟性与现实性有机融合，这样才能收获最大的教育效益。

教育信息化2.0时代的虚拟性与现实性需要从"生硬结合"走向"融合发展"。"融合发展"不仅是虚拟性与现实性结合的核心手段，更是教育信息化2.0时代发展的主要渠道。"融合发展"这一命题是在教育信息化1.0时代的基础上提出来的，在1.0时代信息化基础设施已经建设完善与网络基础平台完全打通后，教育信息化2.0时代便更关注教育与信息化的深度融合。因此，"融合发展"可以说是作为教育信息化2.0时代的关键词贯穿其始终的，"融合发展"不仅明确地指出了教育信息化2.0时代的发展方向，更是为教育工作实践提供了科学指南。作为教育信息化2.0时代的两种属性，虚拟性与现实性的结合也应当参考着"融合发展"的模式来进行。目前，我国学校内智能化教学设施尚未得到全面普及，有些学校里并没有引进先进的技术设备，纵使已经引进了智能化设备的学校对于这些设备的利用率也比较低，这就使得先进的信息化设备并没有和实际教学紧密相连，就算它们出现在课堂教学中也距离"融合发展"的目标差得很远。这就导致了教育信息化2.0时代中的虚拟性与现实性总是被割裂开，课堂教学依旧是以多媒体课件与讲授法结合为主，学生所接收到的信息化、智能化的产品及创新的思维理念少之又少。因此，若想充分发挥出虚拟性与现实性的双重优势，就必须走"融合发展"这条路，这条路走通了，教育信息化2.0时代的这条路也就通了。

第二章　高校创新创业教育与教育信息化2.0时代融合发展的基本阐释

对学生进行创新创业教育是当代高校的教育使命之一，但是高校的创新创业教育是从"创业教育"到"创新创业教育"不断发展起来的。我国正式提出创业教育是在1999年，在《面向21世纪教育振兴行动计划》中指出了："加强对教师和学生的创业教育，采取措施鼓励他们自主创办高新技术企业。"由此可以看出，在世界的形势发生了巨大的变化下，我国政府已经认识到了创业对于促进社会发展和变革的重要作用。

历史的车轮在不断地前进，人类社会也在不停歇地向前发展，在不同时代的背景下所呈现出来的创业教育的面貌是不同的。最初"创新""创业""教育"这些词汇只是被人们单独提及，还没有形成一个崭新而完整的组合体，但随着社会历史环境的变迁，"创业教育"这个词才被人们提及并重视。在信息化时代的今天，人们又在创业教育前面加上了"创新"二字，将创业教育的内涵提到了一个前所未有的新高度。若想真正了解何为创新创业教育，就必须先对其进行拆分处理，即将它拆解成"创新"与"创业"，在了解了"创新"与"创业"这两个词汇的概念内涵后，"创新创业教育"的主旨内涵也就不言而喻了。

除此之外，本文的环境背景是教育信息化2.0时代，在这一背景下，高校创新创业教育该如何应对环境的新变局，从而把握时机实现自身的飞跃式发展呢？在上文中我们通过对教育信息化2.0时代进行相关论述已经得出了"融合发展"是教育信息化2.0时代的鲜明主题，同时也是高校创新创业教育发展的有效途径。以"互联网+"为核心的信息化新时代有着其鲜明的特点与优势，也为高校创新创业教育提供了新的发展空间，因此要把握好时机应对变局，在变化中谋求最大化地发展是高校创新创业教育应思考的核心命题。

第一节　高校创新创业教育与教育信息化2.0时代融合发展的概念内涵

　　高校创新创业教育与教育信息化2.0时代的融合发展是深入式的发展，而不是二者简单地相加或浅显地结合。若想实现这一发展目标，必须从双方的概念内涵处入手，对各自的内涵进行深入的解读，剖析其内在特征，从内涵中寻找双方结合的切入点，实现二者的有机融合。概念是对一个词语本质的反映，也是了解词语内涵最直接的方法，高校创新创业教育中包含了数组词汇，只有对这些词汇进行透彻的分析才能准确把握高校创新创业教育的特点。高校创新创业教育的内在结构是比较复杂的，首先，它对学生所实施的创业教育是蕴含着创新的性质的，这就意味着高校要在既重创业的基础上也重创新，不然便会使创业教育失去时代的生命力。其次，高校创新创业教育需要与教育信息化进行深度融合，以教育信息化2.0的内涵与精神为养分促进自身的成长与发展。如果仔细分析高校创新创业教育与教育信息化2.0时代融合发展这一概念，我们会发现二者之间存在着千丝万缕的联系。创新这一概念本就是教育信息化2.0的精神内涵之一，而创新创业教育又是以创新为主要发展命题的，因此，对词语内涵进行解读可以准确把握二者发展融合的脉络。

一、创新——革新思维的变现

　　"创新"这一词汇在汉语中的词义出自《大学》："苟日新，日日新，又日新。"在《现代汉语词典》中被解释为"抛开旧的，创造新的。"该词汇的释义体现出了"创新"这个词的动态性特征，即在现实中创造出某种崭新的、与旧事物相区别的东西。如果说创新是一种由思维到现实的变现，那么创意就完全是思想层面的内容了。创意往往只在我们的脑海中发生，它的出现通常伴随着灵光一现的过程，创意是创新的起点，是创新处于"未发之际"的形态。当创意在脑海中涌现的时候，我们的创造性也会被激发。创造性意味着个体产生了"我想去做、我想去改变"的欲望，在这种欲望的驱使下个体会将脑海中富有创意的想法付诸实践，从而实现革新思维的变现，即创新。

人们在生产生活中总是会遇到许多的困境与对现实条件的不满足，正是这些困境与不满足使人类产生了改变现实世界的想法。正如列宁所说："世界不会满足人，人决心以自己的行动来改变世界。"①人类的这种"改变世界的行动"就是指人的创意与生活实际发生碰撞从而诞生出来的"创新"，因此我们可以将创新看成是人类为改造当前生活环境，从而自主进行的具有创意性的现实活动。美国学者杰克·M.卡普兰（Jack M. Kaplan）与安东尼·C.沃伦（Anthony C. Warren）将创新分为渐进创新和激进创新。②渐进创新是一个事物缓慢发展的过程，是在事物的发展中找寻其不足从而不断地对它进行修补与更新。例如软件的更新换代、生活中家用电器的迭代等，这些都是渐进式创新的体现。而激进创新是指在技术原理和观念上有巨大突破和转变的创新，它通常能够使事物的基本结构发生巨大的变化，抑或是使某种产业链改变原有的形态。我们可以将渐进创新视为激进创新的先导，如果说渐进创新是一个量变的过程，那么激进创新就是质变的变化，渐进创新与激进创新作为创新的两种主要形式在人类的创新史中占据着主要的地位。

创新对于人类生活有着重要的意义，它犹如一缕春风，为人们带来生机与暖意。创新是人们对于现实生活的一种改造，当人们在生产生活中遇到了某些问题的时候，创新便会在这种情境中被激发出来。当人类不再进行创新的时候就意味着人类对于自己生活的环境不再进行深入的思考了，那么人类将始终在原地徘徊，无法向前发展。当我们把创新融入我们的生活中时我们会发现周围的一切都变得更有激情且富有变化了，当我们用创新的思维与态度投入工作时我们便会看到工作富有创造性的这一面，这时工作于我们而言不再仅仅是为了生存的需要而必须进行的劳作，而是一片充满着未知与激情的创新园地。在这种创新性的工作氛围中，我们会获得更加充实的工作体验，会创造更多的社

---

① 列宁. 列宁全集: 第38卷 [M]. 中共中央马克思恩格斯列宁斯大林著作编译局，译. 北京: 人民出版社，1988.

② 杰克·M.卡普兰，安东尼·C.沃伦. 创业学 [M]. 冯建民，译. 2版. 北京: 中国人民大学出版社，2009.

会价值，同时我们的个人价值也得到了充分的表达。

二、创业——由理想抵达现实

如果说创新的属性是天马行空，那么创业则具有着强烈的现实属性。从词语表面的意思来看，创业可以理解成创建基业、创建事业，在《出师表》中有这样一句话："先帝创业未半，而中道崩殂。"通过这句话我们可以看出来"创业"一词在古代多指帝王的千秋大业，但是在当今社会，"创业"已经下移到了平民百姓之中，其内涵也变得更加广泛了。在今天我们普遍提及"创业"这一词汇，多指某人或者某一个团体根据市场需求自主性地开创事业，这种事业多带有营利的性质，与古代的雄图霸业并不完全相同。

创业除了具有强烈的现实意味之外还包含着冒险、风险的属性，如果说创新是带有浪漫主义色彩的，那么创业则更多的是与现实进行"肉搏"。任何一种创业不仅要求创业者具备独到的发展眼光与敏锐的市场嗅觉，更需要其抓住机遇并具备勇气，换而言之，任何一位创业者都要做好接受失败的准备。因为就创新而言，倘若创新者所发明的东西没有被推广或者提出的某种改进想法没有被采纳，那么对这位创新者来说只不过是暂时性的被否定罢了。但是对于一位创业者来说，如果某种商品抑或某种服务上市的效果不尽如人意，无法为整个团队带来收益，那么此次创业就会有破产的危险。两相对比，后者的风险显然大于前者，这也是为什么说创业者需要具备敢于直面风险的勇气的原因所在。

近些年来，"创客"一词频繁地出现在人们的视野中，我国各大城市纷纷开设创客空间，为创客们提供动手创作、交流分享的活动场地。在许多有关于"创业"，以及"创业教育"的文章中都频繁地出现"创客"这个词的身影，但是有些文章将"创客"视为"创业者"，这种观点是不正确的，因为"创客"的特点与"创业者"的特点是截然相反的。"创客"一词源于美国《连线》杂志前主编克里斯·安德森（Chris Anderson）所著 *Makers：The New*

*Industrial Revolution*一书标题中的"Maker"，国内将其译为"创客"。[①]安德森将创客定义为不以营利为目标、在个人兴趣和爱好的驱动下把创意转变为现实的人。[②]通过这个定义我们可以看出来，创客进行创新的驱动力是个人兴趣与爱好，是纯粹地为了喜欢与热爱而创新。但是创业者进行创新的核心目的就是为了营利与增加整体收益，是带有强烈目的性的，促使创业者进行创新的驱动力是最终的效益与收益。通过对比我们不难看出，创客进行的创新是纯粹的、简单的，而创业者进行的创新则更为复杂，他们是为了获取更多的利益才选择创新。

之所以要将"创客"与"创业者"进行对比是因为通过这两类人身上所呈现出来的特性我们可以更加清晰、直观地对"创新"与"创业"的特点与内涵进行区分。从成果的角度来看，创新所形成的成果是为了将创新者脑海中的某种创意转变为现实，并用来解决人们在生活中的某些需求。创业所形成的成果是为了使自家的产品更具市场竞争力、更好地为消费者服务。

从实现途径来看，创新只需要创新者独立完成整个过程，或者是与志同道合的伙伴们进行合作来完成。创新的过程是比较简单明了的，从形成创意开始，到在现实生活中成功完成由创意到创新的转变，整个过程不需要过多的环节与流程。但是创业的过程便十分复杂了，包括创业动机的产生、创业机会的寻找与识别、资源的整合、企业的创建、新创企业的成长等。同时在创业的过程中还要做市场资源评估、消费者群体调查等，整个过程需要耗费大量的人力与物力，并且每个环节都是缺一不可的，因此就实现途径而言，创业要比创新复杂烦琐的多。从现实性的角度来看，创业比创新更富有现实性的挑战，创新可以是成功的或者是失败的，其结果往往会给创新者带来心理层面的影响。但是人们对创业成功率的希求是巨大的，创业者极度希望创业能够成功，因为一旦创业失败往往会带来现实性的损害，如金钱、资源等，很大可能会对创业者的现实生活带来沉重的打击。

创新与创业之间最大的区别就在此，提及创新，人们往往抱有某种期

---

① 王佑镁. 发现创客：新工业革命视野下的教育新生态[J]. 开放教育研究, 2015, 21（5）：49-56；40.

② 万力勇, 康翠萍. 互联网+创客教育：构建高校创新创业教育新生态[J]. 教育发展研究, 2016, 36（7）：59-65.

望，更乐于接受创新所呈现出来的结果。但是对于创业，人们往往充满了踌躇与迟疑，大部分人不愿意拿眼下的平静生活去做创业的赌注，就算在我国当今社会背景下，在"双创"口号的号召下，普通群众对于创业这件事还是会犹疑不定。对于创业的选择，人们更愿意选择那些传统行业进行创业，因为传统行业已经经过了一代人或者数代人的"检验"，具有收益稳定、风险值小的特点。对于某些新兴技术领域的创业，人们往往抱有消极的创业态度，认为自己缺乏某些必备的素养与能力，从而在一开始就将创业的想法扼杀在了摇篮里。

创新与创业之间的这种区别导致创新者与创业者具有着不同的特点，创新者的精神世界更加丰富多彩，他们通常具有巨大的创造潜能，并且善于在生活中进行思考。创新者的想法更加的单纯，他们进行创新是为了解决生活中的某些困难或者是为了将脑海中的创新想法转变为现实，而这种创新的产物是否能够在现实中为他们带来经济上的收益不是创新者要考虑的重点问题。但是创业者的侧重点却是与之不同的，创业者首先要考虑的就是产品或者产业的经济效益，而经济效益也成为衡量创业成功的唯一因素。因为创业就是为了赚取经济利润，这就使得创业者并不能像创新者那般能够心无旁骛的进行创新，他们在进行创新时要考虑在创新之后产品的性价比是否会提升、产品是否能够满足更多的消费者的需求、整个企业的经济收益是否会出现明显增长。正是由于创业活动与创业者具有着"以经济利益为第一要素"的特点，就导致了创业者在进行创新活动时要进行多方面的考虑，并且承受着巨大的风险。

创业是理想在现实中的一种抵达，但这个过程往往是残酷的，因为历史发展规律总会在选择一些的同时又摒弃一些。若想在创业时代的洪流中站稳脚跟，创业者必须具备一些创业基础素养，并且需要在实际训练中不断提升自己的眼界，促使自己形成创业者的思维模式。这些内容需要在个体的学生时代就传授给他们，在基础教育阶段，个体的身心发展水平尚未发展成熟并且学生承受着沉重的学业压力。因此，高等院校便成为培育学生创新创业素养的摇篮，而在教育信息化2.0时代的背景下，如何实现信息化与创新创业教育的融合发展则是高校创新创业教育需要攻克的新难关。

三、创业教育——一种社会的需求

教育在培养这个社会所需要的人。翻阅教育通史我们不难发现，任何人种、任何国家、任何民族、任何朝代纵使形成千姿百态的教育体系，纵使设定了独具特色的教育目标，但是教育始终都在为统治阶级、为社会培养所需要的人才。在当今社会亦是如此，"创业教育"这一词出现的时间并不久，它的出现正是在一定社会历史环境下被人们所关注，而后才被提及的。创业教育兴起于美国，在20世纪70年代末，美国的传统行业发展十分不景气，许多工人纷纷下岗无事可做，无业游民的增加给当时的美国社会带来了动荡。但是人们发现，在许多传统的大型企业纷纷倒闭的时候，那些中小型企业却依然维持着较高的收益，并且运行得也比较稳定。这一现象促使美国政府出台了相关政策来帮助这些中小型企业进行发展，并且推动学校开展创业教育，鼓励年轻人自主创业，以此缓解就业压力的问题。

此时的创业教育并没有在全世界被提及，只有美国认识到了创业教育为缓解国内就业压力与改善市场经济状况的积极作用。20世纪80年代末，柯林·博尔（Kolin Boll）提出了21世纪新的教育哲学观念。他提出：未来的人应该具备三本"教育护照"，其中第三本就是创业性"教育护照"。这是在世界范围内第一次提出"创业教育"的概念。[①]创业教育的出现，以及被广泛提及反映了一定的社会历史情况，创业被吸纳进教育领域内就说明此时的社会迫切地需要创业这一驱动力来推动社会的发展。同时也说明了社会需要满足大众的就业需求，需要以创业这一形式为大众提供合适的就业场所。就业问题是关乎民生的核心问题，就业意味着生存物质的获得，以及自我价值与社会价值的实现，当社会中失业人员越来越多时，当地的民众就很容易产生暴乱，从而衍生出一系列的恐怖主义行为。

从美国开始注意并重视创业教育开始，到博尔在全世界范围内提出"创业教育"，再到人类步入信息化社会后创业教育的新发展局面，我们不难看出

---

① 何军."互联网+"时代高校创新创业教育[M].北京：北京师范大学出版社，2018.

创业教育始终是作为一种"社会需要"出现的。创业教育在不同的国家出现具有不同的社会背景，但无一例外的是，创业教育的出现往往伴随着社会经济结构的变革，当社会中的传统产业不能支撑经济的迅猛发展时，新兴的产业必会取代传统的产业，进而塑造一种崭新的经济形态。因此，当越来越多的国家重视到创业教育对本国经济发展的重要作用时，也就意味着该国的经济形态正在悄然改变，社会经济也在不断地向前发展。

教育的伟大之处在于它总是对社会的需求"有求必应"，教育目标的设定与社会需要的人才属性是紧密相连的。除了教育，没有更有效的方式能够如此全面、直接、系统化地培养与塑造一个人，也没有更加强大的力量为社会注入新鲜的发展血液。因此，创业教育体现出来的不仅是社会经济领域的变动，更是一种社会发展的需求，是社会与统治阶级对教育的一种呼唤与期盼。

四、教育信息化2.0背景下的高校创新创业教育

上文中提到过，创业教育是在一定的社会历史环境下出现并发展的，作为人类社会的活动之一，创业教育始终都离不开"社会历史"这一大背景。在人类社会步入信息化时代时，创业教育又被赋予了新的含义。信息技术作为一种崭新的生产力已经对社会生产与生活产生了深刻的影响，由于信息技术的出现，世界正在进行着"第四次工业革命"。而创业教育作为与社会经济息息相关的人类活动自然也深受影响，在信息化的推动下，产业结构、企业模式、消费群体、买卖渠道等都发生了巨大的变化，这就导致创业教育必须重新定义在信息化社会中的目标与内涵。

信息社会的持续深化发展使得信息化已经渗透进了社会的各个领域内，教育界也不例外。"教育信息化"这一词汇出现至今已经有了数十年的时间，几乎是在人类社会迈入信息时代不久，教育信息化就开始发展了，这与教育的属性有关，教育作为培养人的重要途径总是处于发展的先导地位，在教育信息化的大背景下，创业教育开始了新的探索。在教育信息化1.0时代，创业教育中已经融入了不少信息化元素，例如在对学生进行创业教育的过程中利用多媒体设备播放创业实例来促进学生对创业的理解；为学生展示信息化时代前的创

业教育，以及信息化时代后的创业教育使他们清晰地认识到二者之间的区别与联系；引用新时代成功创业者的事例鼓励学生积极探索信息化时代下创业的新模式与新渠道。教育信息化为创业教育开辟了一个全新的领域，但是在教育信息化1.0时代，创业教育更多的是依托于信息化设备，以及信息化知识进行的，创业教育尚未与信息化进行深度融合。

在教育信息化2.0时代的背景下，创业教育前面被冠上了"创新"二字。"创新"是教育信息化2.0时代的核心内涵，更是创业教育的发展理念与主题。教育信息化2.0时代是科学技术的时代、是智能发展的时代、更是数据爆炸的时代，要想更好地推动教育信息化2.0时代的发展，就必须以创新为武器。创业教育作为教育领域内与社会联结最密切的板块理所应当地将创新这一特征继承下来，因为富含创新理念与元素的创业教育是推动信息化时代发展与变革的主要动力源。高校在对学生进行创新创业教育时，不仅要注意到创新创业教育是如何推动社会的发展的，更要充分了解社会环境对创新创业教育产生了怎样的影响。只有扣住了时代的脉搏，创新创业教育才更加具有活力与生命力。

当教育走进信息化2.0时代，它的内在与外在都发生了巨大的改变。向内，教育信息化2.0时代追求人的信息化素养与能力，以及创新型思维与意识的养成；向外，教育信息化2.0时代表现出智能化、信息化的特点。当教育信息化2.0与创新创业教育发生碰撞时，二者必须进行融合发展才能彼此扶持、共同繁荣。"融合发展"这四个字本身就具有了"深度"与"深层次"之意，两种事物仅仅在"形"上进行的结合不能称之为融合，充其量只能算作是"整合"，只有当两种事物之间形成深厚的联系，并且这种联系触动了其内涵与实质，这样的结合才能算作"融合"。因此，我们在谈及教育信息化2.0与创新创业教育进行融合发展时，就意味着这种发展必然是以二者之间形成紧密的联系为基础的。这种紧密联系体现在如下几个方面。

（一）以教育信息化2.0时代的精神内涵作为创新创业教育的核心理念

在对教育信息化2.0时代的内涵进行阐述时，我们已经讲清楚了"创新"这一词作为整个信息化时代的主题贯穿教育信息化2.0时代的始终。纵然我们现在无法预测教育信息化2.0时代的结束时间点，但是毫无疑问，在教育信息化2.0时代，创新抑或是创新的变体，始终都会在这个时代中存在着。作为新时代中创业教育的形容词，"创新"就像一架桥梁，一端连起了教育信息化2.0，另一端则延伸至创业教育，因此，教育信息化2.0与创新创业教育有着难舍难分的关系。在教育信息化2.0时代，创新是教育的核心培养目标，几乎大部分的教学活动都与创新有关，或是培养学生的创新思维与能力，或是加强实践鼓励学生创新，或是在教学中渗透创新思想，等等。创新是教育信息化2.0时代的灵魂，同时也是创新创业教育所要实现的核心目标。创新这一词出现在创业教育前面时就代表着它对新时代的创业教育提出了新要求，即创业必须具有创新性，无论创业者从哪一个微小的点入手进行设计，都必须使产品具有一定的创新性。在信息化时代的大背景下，毫无创新性的创业无法为社会带来明显的经济效益与产业能量。腾讯公司、阿里巴巴企业作为中国目前市场上最有影响力的两家互联网巨头都是牢牢地抓住"创新"这条主线不断发展的。这些公司与企业的成功不仅缓解了国内就业的压力、大幅拉动了国内经济的增长，并且对于国家的发展具有一定的战略作用。因此，创新创业教育与教育信息化2.0时代都具有着同样的核心与主旨，即——创新，这也是二者能够融合发展的基础。

教育信息化2.0时代为创新创业教育提供了更好的教与学的平台。两种事物能够融合发展不仅需要以同样的发展理念作为根基，还需要具备各自的特点与优势，并且这种特点与优势能够形成彼此的助力。教育信息化2.0不仅致力于对创新型人才的培养，还致力于对教育智能化技术与信息化技术，以及设备的创新与升级。教育信息化2.0具有显著的智能化与信息化优势，并且能够将这种优势体现在教育教学中。创业教育自身具备着实践的属性，创新创业教育更是如此，许多具有创意的想法都必须通过实践来进行检验。但是在现实生活中，如果对所有的创意都进行逐个的验证的话势必会耗费大量的财力与物力，到最后往往是得不偿失。但随着教育教学的智能化发展，以及大数据力量的加持，使得大学生可以通过模拟与演算的形式对创业产品进行分析与测算，甚至可以借助虚拟现实技术进行虚拟创业实验。这是教育信息化2.0为创新创业教育提供的独一无二的实践平台，也极大地促进了二者的融合发展。

总而言之，教育信息化2.0时代与高校创新创业教育进行融合发展，是二者不断进行自我完善与实现更好的自我发展的必经之路，也是教育信息化2.0

时代打破1.0时代的发展僵局进行纵深化发展的核心体现。对于高校创新创业教育而言，依托于教育信息化2.0的技术与文化支持能够开拓出崭新的创业平台，对于教育信息化2.0来说，在供给创新创业教育的同时也能够收获创新创业教育带来的反向作用力，从而吸纳更大的力量使自身获得更多的发展机会。在进行融合发展的过程中，要注意避开"重形式不重实际"的误区，否则便会违背教育信息化2.0的初衷，甚至是倒退回教育信息化1.0时代。"融合发展"如一盏明灯，照亮了前方未知的道路，

第二节 高校创新创业教育与教育信息化2.0时代融合发展的历史必然

　　教育信息化2.0时代与创新创业教育在表面上看起来似乎没有什么必然的联系，它们的目的指向似乎是两个不同的方向。教育信息化2.0强调创新性的教学理念、智能化的教学手段及信息化素养的培养，创新创业教育的指向十分明确，就是培养学生创新创业的思维及自主创业的能力。创新似乎是二者之间的唯一关联点，但倘若对教育信息化2.0与创新创业教育进行深入挖掘的话，就会发现二者之间有着千丝万缕的联系。教育信息化2.0是信息化社会延伸至教育领域的一种新形态，是信息化社会对教育提出的新诉求。而教育信息化2.0时代决定着当今教育的发展模式与发展特点，创新创业教育作为教育的一个分支，势必会深受教育信息化2.0时代的影响，这种影响并非是单方面的，同样创新创业教育对教育信息化2.0时代也具有反作用力，这是由当今的社会环境所决定的，也是创新创业教育中实践性与现实性的体现。因此，二者之间从试探接触走向深度融合发展是带有一定的必然性的，从人文历史的角度来讲这是一种历史趋势也是一种社会潮流。

一、信息化时代决定教育信息化要深入而全面地进行

　　教育从在人类社会出现的那一天开始就不是一个完全独立的人类活动领

域，它始终牢牢地依附于社会、依附于统治阶级，总是在一定的大背景大环境下开展自身的活动。这就意味着教育并非是完全自由的，它的相对独立性也被人们认知并承认，也许有人会说教育是为统治阶级服务的，是功利的。但抛除为统治阶级培养人才这一目的不谈，教育始终都是要为社会输送人才的，因为教育的对象是人，而人总是要在社会中生存，这就决定着教育活动的设计与开展要以满足社会需求为目的。只有当教育能够培养出时代需要并且能够推动社会发展的人才时，教育对于个体的成长与发展而言才是有效的。倘若教育充满着理想化与完全的自由，那么教育所培养出来的人必将难以适应当时的社会，个体会感到矛盾与无所适从，难以实现自身的良好发展。因此，教育始终不能脱离社会这一宏观环境，并且会受到来自社会与时代变迁的巨大影响。

随着电子信息技术的发展，人类社会步入信息化的时代，信息化给人们的生活带来了巨大的改变，也使人类社会发生了史无前例的变革。当今的社会已经形成信息化的洪流，而身处这个时代的人们也被这洪流裹挟着前进。为了使人们更快地适应信息化社会，并且能够在社会中创造社会价值与实现个体价值，教育信息化也就应运而生。信息时代在发展，这就使得教育信息化也应当随之发展，褪去了教育信息化1.0时代的稚嫩，教育信息化2.0时代正走在高速发展的路上。

当今的社会需要具备良好的信息化素养、较强的信息化能力、独特的信息化眼界的人才，这种需求与人类历史中哪一个历史时期的需求都不同，它体现的是人类社会智能化、信息化的特点。当社会产生某种强烈的需求时，教育就会随之调整自身的教育目标来满足社会的需要。在人类社会刚与电子信息技术接轨的初级阶段，信息化对于人们尚未产生如此巨大的影响，普通群众甚至感受不到信息化的力量。在这一阶段，我国将教育信息化的发展眼光放在了基础信息化设备的建设上，事实证明，前期对于校园网络基站、数字媒体教学设备，以及信息化教学空间的建设与配备对于教育信息化后期的发展是十分有利的。但是只停留在基础信息化设备建设层面上的教育信息化是远远不够的，教育信息化背景下若想培养出社会需要的人才就必须从自身的发展入手，为学生提供更加优化的信息化学习环境。

社会历史背景决定了教育信息化要不断发展，信息化的改革要涵盖教育的方方面面。教育信息化2.0时代就是在1.0时代的基础上进行的深化发展，它的思想与精神内涵需要在教育领域内进行全面的渗透。如果只把教育信息化2.0看成是辅助教学的简单手段的话，那么就无法使教育信息化2.0的深刻内涵对学生产生实质性的影响，从而教育也无法培养出信息化时代真正需要的人才。倘若教育所塑造的人才缺乏当时的社会所要求的必备的素养，那么这所谓的"人才"就无法成为社会中崭新的生产力。这时就会导致教育所培养的人才与社会上所需的人才属性不相匹配，不但会使教育产生巨大的亏损，并且对于社会经济而言也将面临一场劫难。换而言之，当巨大的教育投资没有换来更丰厚的收益时，教育的人力资本市场就有破产的风险。

因此，我们可以看出，若教育信息化与教育教学融合得不全面、不充分会直接导致教育所培养的人才与社会脱轨，为社会发展带来严重的打击。所以"融合发展"就成为教育信息化2.0时代的主要发展途径，不融合，就没有出路；不融合，就没有未来。在教育信息化2.0时代的背景下，高校创新创业教育也要走与之融合发展的路子，只有与教育信息化2.0进行深层次的融合，才能以教育信息化2.0的核心思想指导创新创业教育的正确发展；只有与教育信息化2.0进行深层次的融合，才能创造高校创新创业教育发展的新篇章；只有与教育信息化2.0进行深层次的融合，才能实现教育信息化与创新创业教育的双赢局面。信息化社会正是通过"人才"这一教育结果来促使教育信息化进行全面的融合与发展的，这是教育相对独立性的体现，也是教育服务于人的发展的体现。

二、创新创业教育的社会属性决定着融合发展是必然之势

社会性与现实性是教育活动的属性之一，教育活动的主体是人，而人具有直接现实性，并且教育活动最终需要在现实生活中发挥作用，因此教育活动具有现实特性。创新创业教育也不例外，作为教育活动的一种，它也具备着同样的现实性与社会性，但是除此之外，它自身的性质也决定了它与社会现实是难以分割开的。创业活动与创新活动不同，在上文中已经论述过了二者的内涵，创新活动可以是理想化的、天马行空的，但是创业活动需要在现实中扎稳

脚跟。现实的残酷要求任何创业活动都必须有顽强的生命力，这样才能够在经济市场中脱颖而出，而如何使创业者在创业市场中具有生存能力就成为创新创业教育需要思考的命题。

教育信息化2.0以自身信息化、智能化、数据化的特性推动着教育的飞速发展，由于传统的创业教育并不强调创新这一特点，因此对于教育技术层面的要求并不高。但是在当今的社会环境对创新型创业有着很大的诉求，在政治方面，政府迫切希望有创新型产业崛起使本国在国际竞争中更具有话语权；在经济方面，社会需要创新型产业涌入市场来拉动经济的飞速发展；在人文方面，创新型产业不仅能够创造属于自己的时代文化，还可以更好地服务于人们的生活。基于这些方面，创新创业教育与传统教育有着较大的区别，并且对于教育技术、信息化资源的需求更大，而这些需求只有教育信息化2.0才能够满足，教育信息化2.0的智能性特点可以为创新创业教育提供所需的设备技术支持，而对大数据的收集与计算还可以帮助学生搭建市场模型。可以说，教育信息化2.0为高校创新创业教育的时代化发展提供了全方位的支持与助力。

正是由于创新创业教育是直接面向现实的一种教育，因此它比任何其他的教育活动都更关注社会的需要与要求。当今社会是信息化飞速发展的时代，社会对于创业者提出了更高、更难的要求，创业者必须具备创新思维与能力；必须具备深厚的信息化素养与眼界；必须掌握信息化社会的发展规律。当今的创业环境对创业者提出越来越多的"苛刻条件"，创业者必须通过学习来不断提升自己，而若想满足社会对创业者的要求，教育就必须武装自己，使自己能够给予学习者想要的内容。由此，教育信息化2.0的优势便充分地显现了出来，且教育信息化2.0恰好可以为创业者提供他们需要的知识与技巧，可以通过智能化手段为创业者提供创业实验的场所。这就是为什么教育信息化2.0时代与高校创新创业教育难以割裂开来的原因，也是二者必须要走融合发展这条路的主要原因。

三、信息社会的持续发展需要新型产业作为推动力

人类步入信息社会已经有数十年的时间了，并且社会历史总是不断地向

前发展，而某一社会形态要想在历史舞台中活跃的时间能够久一点，就必须通过自身的发展来实现。信息化社会从诞生伊始直至今日，经受了太多的考验与质疑。在人类刚刚迈入信息化社会的时候，人们对于信息、技术、网络等词汇还是陌生的，只有一小部分人开始投身相关领域的研究。当时大部分人们对信息化是一窍不通的，信息化在大众之间的普及也花费了很长的时间。最初，互联网公司的成立、智能手机的出现，使得人类的生活受到了信息化的冲击，对于这种在人类历史上从未出现过的信息技术，大众质疑的声音接踵而来。随着信息化的深入发展，人们的生活早已被其改变了，如果现在去询问一个普通人，也许他不知道什么是信息化，但是他一定会使用智能手机，会在买菜的时候利用第三方平台进行线上支付。这就是信息化社会对人类的影响，这种影响是深远且无处不在的，人们从最初不知道信息化为何物，到现在自己的生活已经离不开信息化了。

任何事物发展到一定程度都会有停滞期，信息社会也不例外。随着信息化在人们生活之间的渗透与普及，信息社会需要不断解决社会上涌现出来的各种问题，例如，如何最大限度地将信息技术转变为社会生产效能、如何利用信息技术推进社会的进步等。针对这些问题，信息社会将应对措施放到了创业领域，希望通过发展新型企业来实现信息化到社会效益的最大转化。因此，在当今社会中，创业活动被寄予了深厚的期望，创新型创业能够将信息化思维融入各行各业中，从而实现"互联网+"的大发展。当创新型产业越来越多样化，整个社会中信息化的生产效能也就在不断地增加。对于社会而言，创新型企业的增加可以促进信息化的深化发展并且为国民经济的增长做出巨大贡献；对于信息社会而言，创新型企业能够帮助其解决自身发展过程中的困境并且有益于信息社会的健康持续性发展。这就意味着创新创业教育在信息时代中承载了培育新型创业者的重任，而新型创业者创业思维成长的养料则来自教育信息化2.0。这就帮助我们厘清了教育信息化2.0与创新创业教育的深层关系，也为二者的融合发展找到了充分的理由。

四、人们对美好生活的需求需要信息社会的优化发展

随着我国经济的飞速发展，我国变得繁荣富强起来。习近平总书记曾指出：我国社会主要矛盾已经转化为人民日益增长的美好生活需要和不平衡不充分的发展之间的矛盾。在这一社会矛盾转变的过程中，信息化为整个转变的过程增添了强大的助力，信息化的产生与发展极大地提升了人们的生活质量，在人们的生活被信息化改变了的同时，人类也在希求着信息社会能够为自己带来更大的效益。这就需要信息社会不断发展才能满足人类这一愿望，同时，创新型创业活动在这一过程中起到了十分重要的作用。

前文中提到过创新始于人们改变现实生活的欲望，人们总是在不断地用自己的双手去提高生活质量。创新创业活动具有一定的服务属性，为了获取更大的经济利益，企业必须打开用户市场。而如何让产品吸引到更多的客户，就必须让自己的产品能够贴合用户的实际需要，使产品更具市场竞争力。人们的需求是多种多样的，呈现出多元化与复杂化的特点，这就使得创业活动必须走创新的路线，不断将信息化与人们产生的新的需求结合，从而使信息化更加全面地为人类服务。将信息化与人们在生产生活中不断产生的新需要结合，就意味着创业者必须具备卓越的信息化素养及敏锐的感知力，创业者必须先发现生活而后才能够通过创新创业来改变生活。那么创业者如何习得相关的信息化知识并且将它们转变为自身的信息化素养呢，毫无疑问，学校教育是培养学习者信息化素养的主要途径，也是最快捷的途径。

学校教育具备间接性的特点，人们将从古至今的知识都编成了对应的学科体系，学校以科学的方法与技巧将这些知识传授给学生。这就意味着学习者不再需要"事必躬亲"地在实际生活中通过实践活动来获得知识，而是直接可以学习现成的概念与理论，极大地提升了学习者的学习效率，这也是学校教育的优势与长处之一。高校创新创业教育若想有效提升学生的信息化素养，就必须提升教师的信息化传授水平，这样才能为未来的创业者打下坚实的信息化基础。这就意味着必须将高校创新创业教育与教育信息化2.0进行深度融合发展，这样才能培育出信息时代的优秀创业者，才能培育创新型的创业者，才能

使创新创业活动与信息化更全面地服务于人类。

第三节　高校创新创业教育与教育信息化2.0时代融合发展的理论基础

高校创新创业教育与教育信息化2.0时代的融合并不是一时兴起或是空穴来风，之所以强调二者要融合发展是由创新创业教育与教育信息化2.0时代的特征决定的，而二者的融合发展是需要一定的理论基础作为支撑的。在进行任何实践前，我们都必须有充分的理论依据作为支撑，否则整个实践前的建设便会显得荒谬，并且在实践检验的过程中更是不堪一击。高校创新创业教育之所以要和教育信息化2.0时代进行融合发展，是因为当代的创业者必须要在信息化2.0时代中站住"脚跟"，而如何才能实现这一目标就需要创新创业教育传授给创业者必备的技能。这就需要创新创业教育必须以信息化来武装自己，唯有如此才能为创业者提供更符合时代要求的创新创业教育。上述内容阐明了二者需要进行融合发展的理由，但融合发展这条路是否行得通则需要借助一定的理论进行解释。倘若找不到任何支持二者进行融合发展的理论，那么这条路便是不现实的、经不起考验的。

一、"互联网+"的思想为二者奠定了深度融合的基础

"互联网+"由李克强总理在2015年召开的第十二届全国人大三次会议上首次提出。[1]在这之后，互联网行业的巨头（以"腾讯""阿里巴巴"为主）对"互联网+"的内涵进行了探讨与分析，阿里研究院认为："互联网+"是指以互联网为主的一整套信息技术，包括移动互联网、云计算、大数据技术等，在经济、社会生活各部门的扩散、应用的过程。[2]马化腾认为"互联网

---

[1]　何军."互联网+"时代高校创新创业教育［M］.北京：北京师范大学出版社，2018.

[2]　阿里研究院.互联网+：从IT到DT［M］.北京：机械工业出版社，2015.

+"是利用信息技术将互联网和包括传统行业在内的各行各业进行融合,从而构建一种产业新生态。通过对比我们可以看出,"互联网+"体现出了"扩散"与"结合"的特点,这些特点不仅可以帮助我们深入理解"互联网+"的内涵,还可以由此找到高校创新创业教育与教育信息化2.0时代进行融合发展的理论依据。

首先,"互联网+"具有"扩散"的特点,与传统的其他行业不同,互联网是由许许多多小的局域网构成的巨大的网络体系。这就意味着互联网并非是只在某一地域内生效,它的足迹早已随着信息社会的发展遍布世界的大部分地区。而"互联网+"则是在互联网庞大的领域中寻找互联网与不同产业之间的结合点,从而构造一种社会新生态。"互联网+"的扩散性使得它无处不在,它已经"侵入"了社会的各个领域之中,最初人们对于"互联网+"的认识大部分还停留在"互联网+传统行业"的层面上,认为互联网是一种"催化剂",将它投入传统产业中会促使这些产业实现时代化发展。但随着互联网的不断壮大及信息技术的飞速发展,互联网已经从经济领域扩散到了政治领域、文化领域、军事领域、医疗领域及教育领域。

在教育领域内,互联网的扩散经过了不同的阶段。最初的"互联网+教育"其本质是"互联网+教育设备",当时我国投入了大量的资金在全国范围内进行信息化教学设备的建设,这段时期我们称之为"互联网+教育"的初期,也就是教育信息化1.0时代。但是"互联网+"的扩散远不是到此为止,如果说在教育信息化1.0时代"互联网+"注重的是扩散的广度,那么在经过数十年的发展后,"互联网+"则更强调在教育领域内的扩散深度,由此便诞生了教育信息化2.0时代。在教育信息化2.0时代,互联网逐渐向教育的各个分支领域内蔓延,形成不同类型的"互联网+教育",而"互联网+创新创业教育"就是其中的一种。这不仅是"互联网+教育"深化发展的诉求,更是教育信息化2.0时代发展的必由之路。

其次,"互联网+"具有"结合"的特点。"结合"这一属性是"互联网+"的核心属性,更是对其中"加号"的准确诠释。"互联网+"从诞生伊始就注定着它要与人类社会的各行各业、各种意识形态、各种上层建筑进行结合与发展的宿命。与其说是互联网在人类的社会中"横冲直撞",不如说是人类亲手缔造了改变时代的“利器”，是人类赋予了互联网与人类社会各个领域深度交融的机会。小到生活中的网上购物、日常出行，大到研发军事设备、塑造文化形态，人们早已经对互联网产生了深厚的依赖性，“互联网+”便是在这种边扩散边结合的过程中实现了塑造社会生态的作用。

在教育领域中，教育不仅要敞开怀抱接纳互联网，更要调动自身的资源与互联网进行有效结合，从而缔造出更加优质的“互联网+教育”新生态。而教育如何做到与互联网的有效结合呢，这就需要从教育理念、教育手段及教育形式上入手，使教育与互联网实现全方面融合。在教育理念上，教育信息化2.0时代强调培养人才的创新属性与信息化属性，提出要通过教学使学生的创新思维与能力，以及信息化素养都得到一定的提升。在教育手段上，教育信息化2.0注重在课堂上运用信息化，以及用智能化技术来培养学社的相关素养，使学生在信息化与智能化的氛围中受到陶冶并且提升能力。在教育形式上，教育信息化2.0时代更加重视学生在课堂中作为学习主体的地位，提倡自主探究式学习，注重学生探究式思维的培养。

从“互联网+教育”的宏观层面上来看，教育要想做到与之有效结合就必须从上述几个方面出发，将信息化思维、互联网思维贯穿教学的始终。高校的创新创业教育作为“互联网+教育”的一种，也应当贯彻落实上述几条内容。由此，可以得出：“互联网+”与高校创新创业教育的有效结合要求后者必须以信息化的教育理念、教育手段及教育形式来培养学生，而这恰好是高校创新创业教育与教育信息化2.0时代融合发展要做的事情。因此，“互联网+”的结合性特点为高校创新创业教育与教育信息化2.0时代的融合发展提供了一定的理论依据。

二、“核心素养”的普及突出了“信息化”的重要地位

近些年来，有关于教育核心素养的内容不断呈现在人们的眼前。首先，核心素养的定义是指学生能够适应终身发展和社会发展需要的必备品格；其次，核心素养最终的目的指向“全面发展的人”；最后，我国针对本国学生发展的核心素养大致可以分为三个板块的内容，分别是文化基础、自主发展及社

会参与。其中，文化基础又细分为人文底蕴和科学精神；自主发展又分为社会学习和健康生活；社会参与又分为责任担当和实践创新。值得注意的是在"社会学习"领域中强调对学习者信息意识的培养，这不仅是"中国学生发展核心素养"的时代性原则的体现，更是对教育信息化2.0时代的最好诠释。

"核心素养"中对"信息化"的重视程度决定了教育实践中"信息化"的落实程度，在"核心素养"里，"信息意识"出现在"社会学习"板块，这体现了信息化素养是当今时代对人才的要求。之所以强调是"社会学习"而不是"社会实践"是因为当今的社会正在逐渐过渡成为学习型的社会，终身学习的理念早已被人们认识并践行。而在社会学习中，网络作为学习资源的主要载体之一占据着重要的地位。因此，在当今社会具备一定的信息化意识以及能力是人的一项基本技能。在信息化对人类影响至深的今天，培养人的信息化素养是教育义不容辞的职责。

除此之外，"核心素养"中还突出了"实践创新"这一内容。通过对"创新"及"创业教育"的阐述我们已经知道了创新在当今社会中的重要地位，而当它出现在"核心素养"中时，它又被赋予了新的含义。它表明当代学生应当从书本中解脱出来，面向现实生活，同时教育应当培养学生创新思维与创新能力，使学生具备独立思考及创新思考的素养。实践创新强调学生面向现实的发展，而当今时代是信息化2.0的时代，学生一切的发展都要在这一背景下进行。因此，培养学生发展核心素养是学校教育必须完成的使命。创新创业教育作为现实属性更强的教育，更加需要培养学生在现实中思考与实践的能力，而这一能力的形成往往离不开教育信息化的推动，这就意味着高校创新创业教育是可以与教育信息化2.0进行融合发展的，并且二者融合可以形成更加强大的合力来促使学生核心素养的形成。

第四节　高校创新创业教育与教育信息化2.0时代融合发展的基本原则

在当今时代，国家对于创新创业教育的重视程度提到了前所未有的高度。教育部《关于大力推进高等学校创新创业教育和大学生自主创业工作的意见》中指出，要进一步落实和完善大学生自主创业扶持政策，加强创业指导和创业服务工作。①这一文件的颁布表明国家从政策层面来保障创新创业教育的有序开展，这为高校创新创业教育的发展提供了强有力的政策支持。自从习近平总书记在世界互联网大会上向世界宣告："'十三五'时期，中国将大力实施'互联网+'行动计划"②以来，"互联网+"作为教育信息化2.0时代的主要代表已经被看作是塑造教育新生态的动力能源，"互联网+教育"的进程也在日益加深，从最初的设施建造，到现在的全方位、深层次地融合，信息化已经在教育领域内掀起了壮阔的波澜。

当教育信息化2.0与高校创新创业教育走向不可避免的融合发展时，二者的融合需要打造出一个怎样的创新创业教育生态环境，是否能够打造出一个与最初预想相符的发展空间值得人们进行思考与关注。双方的融合是建立在各自特点之上的互相渗透与联系的过程，在这个过程中，无论是教育信息化2.0，还是高校创新创业教育，都不能丢失自己的属性，不能将自己变得"面目全非"。同时，二者的融合还要致力于为学习者呈现出一种崭新的教育生态环境，让学习者在这样的环境中习得时代要求的素养与能力。因此，在二者进行融合发展时，应当遵循以下几点原则，在保持自身独有属性的同时协力共创更大的价值。

---

① 程洪莉. "互联网+"背景下高校创新创业教育的实施策略探析 [J]. 国家教育行政学院学报, 2017（5）：76-81.

② 匡艳丽, 林于良. "互联网+"思维嵌入高校创新创业教育课程建设研究 [J]. 教育探索, 2018（1）：66-69.

一、信息化原则

高校创新创业教育与教育信息化2.0时代的融合发展要遵循的第一个原则就是信息化原则，因为信息化是教育信息化2.0时代的核心特征，也是整个教育信息化2.0时代的建构基点。没有信息化就没有所谓的教育信息化2.0时代，更遑论与其他领域的融合，信息化是一个基础命题，同时也是一切的出发点。信息化原则要求二者在融合发展时应当时刻围绕着信息化进行设计与建构，在实施教育教学时不能偏离信息化这一主题，否则，教育信息化2.0时代与高校创新创业教育的融合发展就会偏离原有的轨道，对二者的有效融合造成巨大的损害。

信息化原则落实到具体教学中具有多个层面的内涵，其中以"培养学生的信息化思维""强化学生的信息化能力""培育学生的信息化素养"为关键内容。教育信息化最终的目的是培养人，并且是按照信息时代的要求来培养人，使学生具备信息化思维是当代教育的一个关键取向，同时也是任何阶段的教育都应该贯彻落实的培养目标。在高校创新创业教育中，运用教育信息化手段来培养学习者的信息化思维是创新创业教育必须完成的目标之一。信息化思维，即"用信息化视觉来认识、分析和处理各种问题和困难，而不是漠视、排斥信息化手段，继续沿用老思路、老方法来处理新问题。"[①]信息化时代中互联网发展、智能技术的出现改变了人们思考问题的方式，使人们的思维更具时代性与信息性的特点。信息化思维能够帮助人们解决信息社会中的问题，对于创业者而言，具备信息化思维就是具备了在信息社会中解决问题的能力，就是具备了在时代中挖掘与探索的眼光。

信息化能力对于创业者而言是一种必备的能力素养，具备高水平的信息化能力可以帮助创业者打开创业平台。在互联网如此发达的今天，"互联网+创业"的创业新模式为创业者提供了多样化的选择，互联网作为一个发散与结合的平台可以为创业活动开辟新的领域。而如何对互联网这一平台加以有效地

---

① 杨冰之.用信息化思维解放思想[J].数码世界，2008（5）：1.

运用是每一个创业者应当用心思考的问题，往往谁能够最大限度地对其加以利用，谁就占据了创业的先机。因此，高校在对学生进行创新创业教育时，应当多开展实践课程，为学生提供信息化操作平台供学生进行练习与使用。能力的形成需要不断地实践与体验，只有在循环往复地试错，在改进的过程中，学习者的相关能力才能够得到有效提升。

创业者信息化素养的培育是一个长期的工程，因为"素养"是内在的，是在各种知识与能力的总和上进行提炼升华。我们可以将信息化素养理解为是多种信息能力的综合体现，它不仅包括了利用信息化手段获取、识别、加工、处理、运用信息的能力，还包括结合已有知识对信息进行评价、创造、传递的能力。①由此可以看出，信息化素养不单单是一种或者数种信息化能力的使用和某些信息化知识的习得，更体现在个体对于获得的信息进行再加工的这个过程中。一般来说，信息化素养囊括了信息化知识与信息化能力，但是信息化素养绝对不是后两者简单相加的总和，而是存在于个体内心与思维深处的一种素质与状态。一个具备良好信息化素养的人在信息时代中的潜能是无限的，对于创业者而言，这种无限的潜能恰好是创业过程中的巨大财富。

在教育信息化2.0时代与高校创新创业教育融合发展的过程中，秉持信息化原则就需要高校加大对信息化资源的投入，以及培养具备信息化素养的教师投身于创新创业教育的工作中。唯有在教学的过程中为学生创设信息化的学习环境，才能训练他们用信息化思维去思考问题，有输入才有输出，学生信息化思维的形成与发展需要信息化课堂作为"源头活水"。具备信息化素养的教师是促进学生信息化素养形成的主要推动力量，学生具有"向师性"，教师不仅传授给学生知识与技能，更会从方方面面对学生产生影响。教师的思维方式与行事风格、教师的人文情怀与品格修养，这些都会通过教学不知不觉地渗透给学生，学生在体悟到教师身上的信息化素养时，自身的信息化素养也就得到了启蒙与激发。

---

① 周银萍, 王跟成, 龚啸, 等. 高校大学生信息化素养研究 [J]. 文化创新比较研究, 2019, 3 (1)：66−67；72.

二、创新性原则

创新性是高校创新创业教育的核心内涵，也是当今高校创业教育与传统的创业教育相区别之处。同时，创新也是教育信息化2.0时代的内在之义，教育信息化2.0体现的是以互联网与智能技术、大数据为主的教育新生态，而在这个教育生态环境中，创新是推动其持续健康发展的驱动力。缺失了创新，不仅教育信息化无法继续向前发展，创新创业教育也丧失了其独特的属性。正因为创新对于教育信息化2.0与高校创新创业教育而言具有着重要的意义，因此在二者融合发展的过程中，必须坚持创新性原则，否则教育信息化2.0与高校创新创业教育的融合发展就丧失了其应有的内涵，也就失去了发展的意义。

创新对于创业者而言是事业的开始，也是保障其事业持续发展的核心因素，抛开创新创业不谈，"创业"这个词本身就具有着开创、创造等含义，就蕴藏着创新的意味在里面。随着信息社会的飞速发展，人们已经逐渐认识到以创业驱动互联网与人类社会进行深度的融合，可以大幅度提升信息技术的生产效能，从而拉动社会经济的大幅度增长。由此，创新创业的概念被广泛提及，用创新做创业的修饰词更加凸显了当今社会创业活动的"创造""革新"这些特点。创新创业理念的提出意味着当今社会正在积极寻求转型的机会，并且意识到了"创新"这一动力源对于推动社会进步与发展的重要作用。在我国刚刚步入信息社会的初期，一些人抓住了机遇实现了事业大发展，而在我国信息化社会正在深入发展的今天，那些具备信息化素养、创新思维与能力的创业者也必将找到发展的"春天"。

高校若想在创新创业教育中贯彻落实创新性原则就必须在对学生进行教学时有意识地激发学生的创新潜能，创新并非是"高大上"的存在，它隐藏在日常的学习生活中，等待着与学习者的思维进行碰撞。创造与创新对于个体来说并非是"外界的事物"，它们存在于个体的思维深处，只是在大多数时间里都是处于蛰居的状态罢了。这就需要教师在教学过程中对学生进行引导与激发，就我国目前的教学现状来看，纯粹的"填鸭式"教学时代已经过去了，当今的基础教学课堂中教师更注重用引导法进行教学。在高校的创新创业教育课堂中，教师更应该以"自主探究式教学法""合作学习式教学法"等方法激发学生的创新性。

"自主探究式"教学要求教师学会"放手"，这种"放手"是对课堂的放手，以及对教学的放手，但"放手"并不等同于"放任"，教师应在给予学生充分的学习空间的同时对整体教学进行引导与掌控。学生开展自主学习的同时仍然离不开教师对教学的把控，虽然教师不再手把手地给学生灌输知识，但是教师依然要把控课堂的走向，避免过于注重教学形式而忽视了实质性学习内容。自主探究式学习能够为学生提供深入思考的机会和演绎推理的平台，通过自主探究式学习学生不仅可以对搜集到的知识进行资源整合，并且自己的思维逻辑在整个过程中也得到了充分锻炼。思考是创新的开始，创新源于思考，学生进行思考不一定立刻能够进行创新，但是良好的思考习惯的养成却是帮助学生开启创新之门的钥匙。

"合作式学习"已经成了当今学校课堂中备受重视的一种学习模式，因为它的目标是学生合作思维的养成，而合作思维与能力正是21世纪人才应当具备的核心素养之一。俗语说："众人拾柴火焰高"，在同等水平下，一个人的智慧往往不如一个团队的智慧丰富。合作学习可以为学生搭建分享与交流的平台，可以让不同个体的思维火花在这里产生交汇与碰撞，当大家针对某些问题进行思考与辩论时，创新往往就蕴藏于此。因此，"合作式学习"也是可以激发学生创新思维的有效手段，教师将"合作式"学习法进行有效设计与利用，对学生进行合理组织与安排，可以使"合作式学习"在高校创新创业教育中发挥巨大作用。

三、服务性原则

服务性是教育信息化2.0时代的隐藏属性，我们已经论述过创新是教育信息化2.0的内涵之一，但是这种创新是"有温度"的创新。之所以说它有温度是因为："互联网+"时代更加注重用户体验，善于寻找市场"痛点"，拉近了科技与人类的距离，使创新充满人文价值，具有"温度"。①简单来说，在信息社会的背景下，在"互联网+"快速发展的大环境下，人们的需求被放在了第一位进行考虑。无论是互联网与社会上哪些领域进行融合，其融合的最终目的都是为了在推动社会进步的同时能够更好地为人类服务。基于这一观点，服务性作为教育信息化2.0时代的隐藏属性便不难理解了。

除此之外，"服务性"也是创新创业的内在之义。从创业角度上来看，有需求的地方就有市场，随着人们不断地产生对美好生活的需要，创业者必须要从这些需求点入手，将人们的需要转变为具体服务。这就决定着创新创业活动必须要服务于人的需求，只有当满足人的需求时，才会实现利润的创收。从创新角度上来看，人之所以要创新就是为了不断地改造现实生活，不断地提升自己的生活质量。"创新"这一活动本身就具有改造与服务的含义，因此，创新也好创业也罢，都绕不开"人的需要"这一关键点，"创新"，是为了满足人的需要的创新；"创业"，则是服务于人的需要的创业。

在教育信息化2.0与高校创新创业教育融合发展的过程中，应当秉持"服务性"原则的宗旨开拓创新创业教育的新局面。首先，"服务性"原则体现在创新创业教育的理念中。教师一定要使学生明确，随着信息技术在人类社会中的深化发展，人们已经品尝到信息技术革命丰硕成果的香甜。信息化为人们打开了一扇全新领域的大门，也将人类带往了"新世界"，人类的需求会随着信息化的发展不断膨胀，而掌握了"服务性"原则精髓的人就可以以当今社会人们的需求为切入点，以创新活动带动创业的发展。因此，教师在对学生进行创新创业教育的过程中，应当注重培养学生的"服务性"意识，以服务性意识催生出服务性行为，从而延伸至服务性创新创业活动。

其次，"服务性"原则也体现在教师的教学过程中。"服务性"不仅仅指学生在进行创新创业学习时要通过修习使自己形成"服务性"意识与能力，还包括教师要将"服务性"原则融入教育教学中。教育信息化2.0时代是指向人的全面发展的时代，其目的就是要通过信息化与智能化手段来培养学习者的

---

① 程洪莉. "互联网+"背景下高校创新创业教育的实施策略探析［J］. 国家教育行政学院学报，2017（5）：76-81.

时代核心素养。教育信息化2.0始终都是服务于人的发展的，它从诞生伊始就是为人服务、为人的积极发展服务。因此，教师在进行教学时应当以"服务性"原则要求自己，使自己成为促进学生发展的服务者，而不是高高在上的指挥者与表演者。而如何成为学生学习过程中的服务者就需要教师对课堂结构与教学内容进行调整，多渠道、多途径地为学生搜集各种相关的知识与资源。同时，教师还应当多聆听学生的声音，尽最大可能满足其学习上的需要，努力使自己成为学生学习的服务者、学生成长的引路人。

四、实践性原则

高校创新创业教育与教育信息化2.0时代的融合发展不能只停留在理论建设方面，任何的理论成果只有对实践活动起到了一定的助益作用才是有价值的。实践性是创新创业活动自身带有的属性，创新是由人类的创意想法所产生的活动，具有显著的实践特点。创业活动是一种带有明确目的性的盈利活动，它的主体是人，面对的对象也是人，并且创业活动是在社会生产生活中成长与发展起来的，因此，实践性也是其鲜明的特征。从高校创新创业教育的目的角度来说，其目的具有强烈的实践指向性，高校创新创业教育的目的可以从两个层面进行理解，一个是学生的创新创业活动的，另一个则是学生的相关意识与能力的培养，这两个教育目的都蕴含着实践性。

学生创新创业活动的教育目的十分容易理解，因为高校实施创新创业教育最主要的目的就是培养未来的创新创业人才。自2013年以来，在教育部的指导推动下，大多数地方高校开始向应用科技大学转型，积极探索和实践中国应用科技大学建设之路。[①]创新创业教育成了推动高校转型的重要动力源，因此，高校实施创新创业教育最直观的目的就是为社会培养能够从事自主创新创业活动的人才。这一培养目标具有直接的实践性意义，因为创新创业活动指向的是社会、面对的是现实，而通过教育使学生具备开展创新创业活动的基本素养也需要注重其现实意义，唯有在现实中经受得住检验，才能发挥教育的最大

① 梁坤伦.新常态下高校创新创业教育现状与模式创新[J].黄河科技大学学报,2015,17(6):116-118.

优势。

　　从另一个角度而言，高校对学生实施创新创业教育并非是为了将所有的学生都培养成"创业者"，这样不仅会窄化创新创业教育的培养目标，还会使创新创业教学变得单线发展，从而对其发展产生损害。对学生实施创新创业教育是为了在培养未来的创业者的同时培养其他学生的创新意识、创新思维、合作能力、发展眼光，以及信息化素养等。高校在进行创新创业教育时应当明确，创新创业教育并不等同于"培养创业者"的教育，而是面向全体学生、全部个体的教育。在整个教育过程中，学习者的创新思维得到了锻炼，创新能力得到了提升，看待问题的眼界得到了拓展，与人合作的能力得到了提高并形成了良好的信息化素养，这些教育目的的实现才是高校创新创业教育更为宏大的教育目标。而如何确定学生形成了这样的能力与素养则需要在实际生活中进行检验，只有当学生在具体实践后自身的相关素养才能够得到展现。因此，学生思维与素养的培养目标同样具有实践属性，因为这些素养只有与现实生活相结合才具有实际意义。

　　除此之外，教育信息化2.0时代虽然是依托于"互联网+"进行建构的，但是却具有着虚拟性与现实性的双重属性。"互联网+"是伴随信息技术的发展而出现的，它以虚拟的方式将现实中的万事万物进行了互联，因此，"互联网+"的现实意义占得比重要大一些。在"互联网+"的时代，人们的生活早已与它产生了千丝万缕的联系，我们甚至可以说，在"互联网+"与人类社会各个领域融合得愈加深入的今天，其虚拟性与现实性早已交融在一起，虚拟世界与现实世界的界限已经没有清晰的边界了。高校创新创业教育与教育信息化2.0时代融合的过程中，现实性要得到突出的体现，而如何使二者的融合充满现实性的特点则需要高校在实施创新创业教育的过程中遵守教育教学的实践性原则，通过实践培养学生，使学生在实践中成长。

　　基于此，高校在开展创新创业教育时应当注重教育内容的实践性特点，多为学生拓宽实践平台，尽可能多地为学生提供有效实践的机会，使学生在实践中获取第一手经验，并将课堂所学与这些经验相结合，提升创新创业教育的效能。首先，高校可以在学校现有的条件下汇集校内资源为学生搭建实践平台，这样的实践平台是面向全体学生开放的，而不是只有少部分人才拥有进入的"通行证"。这样的实践平台可以是"创客空间""大学生创新创业实践园地""大学生创新与实践中心"等，学校不仅要积极开辟出这样的实践空间，还要为其配备丰富的基础材料及开阔的发展平台，以便于学生进行创新创业活动。同时，实践平台的搭建离不开管理层面的支持，只有校领导给予实践平台以高度的重视才能确保实践平台的稳定运行。实践平台从建立到运行需要倾注大量的人力与物力，从人力资源角度来看，学校不仅要安排相关人员进行管理，同时还需要分配一批师资来指导学生的创新创业实践活动，校方还应当建立系统的分级管理体系进行工作的统筹与安排。从物力资源角度来看，建设实践平台所需的物力支持是十分巨大的，不仅包括硬件设施的配备，还需要较高级的软件系统。除此之外还需要向学生提供进行创新创业活动所需的素材与基础材料，只有建立起完善有序的管理体系与丰富多样的物质环境才能确保学生的实践活动稳定开展。

在学校提供的创新创业实践空间中，学生不仅可以单独进行创新与实践，还可以与志同道合的同学组成实践团队一起开展相关活动。团队协作能力是创新创业教育的目的之一，也是21世纪人才应当具备的一种核心素养，更是创新创业者必备的能力之一。在课堂上培养学生与人合作能力的方式无外乎是通过"小组合作学习"的形式进行，但这毕竟与实践中的合作与沟通是有区别的。实践平台可以为学生提供真实的实践空间，在这一环境中学生可以做到全身心地投入与沉浸式的体验，真正参与到实践中去。而在与同伴进行交流与讨论的过程中，个体的思维火花汇集在一起，必定会碰撞出更大的智慧，从而使创新创业实践活动能够持续深化地进行。

其次，高校应当善于利用社会上丰富的资源为创新创业教学的开展助力。创新创业教育犹如一颗种子，只有落到社会的土壤中才能够生根发芽，这就注定了创新创业教学不能只在高校的"围墙"里进行，而是需要借助社会的力量才能收获更好的教学效果。社会上有许多企业公司，这些企业具备完善的运作体系与治理流程，是创业活动中活生生的案例，也是大学生进行实践从而实现快速成长的最佳园地。高校可以与对口的企业展开广泛的合作，形成"校园—企业"的教育链，将相关专业的学生输送至企业进行实习，为学生展示真实的创业场景。学生在实习的过程中不仅可以学习到在课堂中无法真实感受得到的实践知识，并且还可以了解企业的运行方式，掌握一线创业经验。这样的教育链对高校实施创新创业教育是十分有益的，因为它可以有效弥补学校中创新创业教学实践性不足的问题，可以为学生开辟可供学习的实践园地，使学生亲临创业的"第一现场"进行学习与感受。

理论与实践相结合是马克思主义视域下教育教学的重要方法论，也是保证教育教学有效性与合理性的重要手段。实践性是高校创新创业教育的核心属性，也是高校实施创新创业教学应当贯彻的原则，倘若失去了实践性，整个创新创业教育便会失去生存与发展的空间，最终丧失生命力。落实实践性原则需要高校管理层与一线教师共同发挥作用，形成一套完整可行的实践方案，并在现实教学中进行落实与实施。高校应将眼光放长远，树立可持续发展的创新创业教育观，不能只考虑眼下的利益而错失了创新创业教育发展的良机，否则一旦时代的潮流涌过，创新创业教育便会呈现出尚未绽放就已经凋谢的局面。

五、开放共享原则

互联网的内涵即是"万物互联"，在这个定义中，互联网的开放性属性得到了充分的体现。互联网是包容的、接纳的，它是建立在数据流与信息化设备上的"开放王国"，它面向的是全体人类，只要有足够的硬件与软件作为支撑，任何人都可以加入互联网的领域内。传统意义上的开放教育是一种入学资格和学习形式相对灵活的教育类型，[①]但是随着数据与信息化的出现，互联网赋予了"开放教育"一种崭新的时代特性。互联网视域下的开放教育更多地体现在教育对象全面化、教育资源共享化，以及教育空间破壁化这几个方面上。

首先，教育对象全面化是指在"互联网+教育"的覆盖下，任何人无论年龄、阶级、性别、资质都可以投入教育的怀抱。网络上的名师优课、慕课视频、教育资源库等通过互联网这一渠道呈现出来的教育新平台，为所有能够接入互联网中的人提供了接受教育的机会。在互联网出现以前，教育对象的群体数量是有一定限度的，再大的教室也只能容纳数量一定的学生，但是互联网凭

---

① 梁士荣. 开放教育特质论［J］. 开放教育研究, 1999（1）: 8–11; 45–56.

借着数据流与虚拟空间的优势向全体人类敞开了教育的大门。

其次，教育资源共享化是互联网时代开放教育的另一主要特征。在传统教育中，教育资源是十分封闭的，人们只能通过书籍来获取各种各样的知识，并且在学习中离不开教师的指点与帮助。这使得教育资源只能在某一所学校内或者某一片地区内进行传播，无论是学生还是教师都受到教育资源匮乏的限制。但是随着互联网的发展，以及与教育的融合，教育资源呈现出一片合作共享、繁荣发展的态势。国家不仅鼓励教学名师在网络平台上上传优秀示范课，并且还致力于各个阶段教育的网上教育平台的建设。教师或是通过一个人制作，或是通过团体合作形成各种各样的教育资源，而后上传到互联网上，当不同地区、不同国家的教育资源都涌入互联网时，互联网上的教育资源就实现了最大化的集合。而呈现在互联网上的教育资源犹如取之不尽、用之不竭的"海水"，供所有有需要的人选取自己中意的"那一瓢"，至此，以互联网为载体的当代教育便实现了教育资源的开放与共享。

最后，依托于互联网这一超级媒介的开放教育还具有教育空间破壁化的特点。教育作为现实中人类的社会活动自诞生伊始就受到了时间与空间的限制，尤其是在教育萌芽期与发展初期，教育被牢牢地控制在了统治阶层的手里。知识保存方式过于原始及教育活动受空间与时间的限制较大，使得绝大多数群众没有办法受到教育。细数人类的发展史我们不难发现，每当人类社会中出现重大的时代性变革后，人类的教育交流都会变得更加的密切与频繁。工业时代的蒸汽机通过齿轮地运转使教育的跨地域沟通变得更加便捷，信息时代则通过互联网地扩散与联结打破了教育活动的时空壁垒。互联网的数据储存功能，以及信息化传播功能使得人们足不出户便能够获取到丰富的教育资源，甚至是很多年以前的课程只要是以信息化手段保存下来的，都可以被储藏在互联网中，供人们随时随地进行学习。

由此可见，互联网与教育的融合已经重新定义了开放教育的内涵，并且互联网仍然在发动自身的巨大力量来促进开放教育的进一步发展。在高校创新创业教育与教育信息化2.0进行深度融合的过程中，开放与共享原则必须得到充分的体现，一方面，以"互联网+"为核心教育信息化2.0蕴含着开放与共享的理念，另一方面，对于创新创业教育而言，开放与共享也是它发展的灵魂所在。在信息化时代的潮流中，创新创业意味着不能自己闭门造车而是要依靠团体的力量。开放与共享是基于"数字化"的传播或复制，几乎不需成本，而往往还能带来"回报"的分享。[①]开放共享的环境可以将一个创意变为多个创意，可以将一种思路扩展为一种体系，可以将单独的个体融合成为一个积极发展的团队。因此，教师在进行创新创业的教学时，应当时刻关注学生开放意识与共享意识的养成，发挥互联网平台在教育教学中的作用。

除此之外，教师应该主动拓展互联网平台在教学领域内的宽度与深度，力求使二者能够进行更深层次的融合。打造云端在线交流平台为学生们提供各抒己见及交流分享的机会，促使学生针对创新创业领域内的热点话题，以及未来方向进行思考与分享，在培养思考型创新创业人才的同时强化学生的创新创业敏感度。拓展以智能化技术为支撑的创新创业网络虚拟实践平台，实现"虚拟"与"实践"的跨维度融合，使学生能够运用相关智能化技术与大数据计算进行创业的模拟演练，或者是创设某一创新创业活动的理论模型。通过这样的手段强化学生的信息化操作能力及创新创业活动的实践能力，使学生在虚拟与现实的交错中实现创新素养与创业能力的双重发展。开辟富有创新性、开放性与共享性的"创客空间"，鼓励学生进行创新创造，为学生提供自由度更大的创意平台，并且通过成果的展示与评比增进不同创意团队之间的交流，从而共同建设创意、创新与创业三者有机融合的持续健康发展的实践环境。

---

① 刘颖. "互联网+"视野下高校创新创业教育研究 [J]. 职业技术教育, 2016, 37 (35)：37-40.

第三章　教育信息化2.0时代高校创新创业教育模式变革

习近平总书记指出，创新是社会进步的灵魂，创业是推动社会经济发展改善民生的重要途径，青年学生富有想象力和创造力，是创新创业的有生力量。希望广大青年学生可以在创新创业中展示才华，服务社会。大学生是大众创业、万众创新的生力军，越来越多的当代青年人通过他们智慧的大脑、勤劳的双手，在自己的岗位上实现他们的人生目标，为社会创造更多的价值，逐渐成长为创新创业的中坚力量。2020年科技部启动的科技创业带动高质量就业行动，参与大学生超过了23万，充分彰显了创新促进就业、创业带动就业的效果。这一成果的取得，离不开创新创业教育的不断发展进步和持续改革创新，创新创业教育推动了当代大学生创新创业的步伐，加速了国家战略的顺利实施，为科技兴国奠定了人才基础。教育信息化2.0时代高校创新创业教育更应体现信息化2.0时代的融合发展特征和原理，促进新型创新创业人才的产生。

第一节　面向教育信息化2.0时代的高校创新创业人才培养模式

只有科学有效的人才培养模式，才能培养出优秀的人才。如何培养为社会所用、为国家所使的人才一直都是教育领域一个重要的话题。随着科技的进步，社会的不断发展，教育教学的方式也在发生着巨大的变化，这也使此话题的讨论也在不断地激烈。作为高等教育学校，应该积极探索人才培养模式，根据自身发展的特点和地方经济产业建设的规划，制订合理的人才培养方案，在教育信息2.0的背景下，建立新时代创新创业人才培养新模式，为社会培养更多具有创新创业意识和能力的新时代青年人，为社会的发展贡献教育的力量。

一、建立"校地企"三方联系，共同培养人才

传统的教育主要以学校教育为主，而现代研究表明，教育的发展尤其是高等教育的发展，离不开社会的发展和企业的发展。20世纪70年代左右，"校企合作"模式走进了中国的大学校园，最初并不被看好，但经过不断的实践和探索，"校企合作"模式办学逐渐展示了其巨大优势。校企合作办学，是指高校与企业双方以培养社会所需的各类人才为根本目标，在平等、互利、互惠和自愿的基础上，在寻求合理的合作方式的过程中建立起来的一种密切联系、相互促进、共同发展的相对稳定的合作关系。[1]校企合作是为学生的发展服务的，更是为社会的进步服务的，学校和企业之间通过缔结"有形"与"无形"的契约，提供自己具有的资源共同打造崭新的办学模式。这种办学模式可以加强学校与社会之间的沟通，使教育教学更具针对性与现实意义，因此在教育的发展中具有重要的地位。

2010年，教育部联合22个部门和7个行业协会共同实施"卓越工程师培养计划"，主要目的是探索高校与有关部门、科研院所、行业企业联合培养人才的有效机制。清华大学同中铁四局自2015年开始形成战略合作关系，共同攻克先进技术，解决技术难题，实现教学相长，促进产教融合，并在2015年建成清华大学—中铁四局联合研究中心。清华大学，教育部直属的重点大学；中铁四局，知名国企。清华大学和中铁四局的"联姻"对于推进我国高校同企业的合作具有重要的意义，同时也为全国高校开展"校企合作"提供了新的思路。

"校地企合作"模式是在"校企合作"模式的基础上发展而来的，将高校和企业所在的地方经济发展趋势和发展目标融入合作中，校地企通过联合制订人才培养目标和培养方案、共同建设课程和开发教程、共建实验室和实训基地、合作培养培训师资、合作开展研究等措施，打造共商、共建、共享的教育

---

① 邓秋实. 校企深度合作办学机制的探究［D］. 哈尔滨: 哈尔滨理工大学, 2014.

责任体。青岛蓝谷，以"海洋科技新城"为发展目标，引进东华大学、四川大学、同济大学、武汉理工大学等高校科研团队，致力于蓝谷建设，目前已有授权专利1055件，其中发明专利授权708件；承担国家级、省市级科技项目1241个，累计获各级科学技术奖励22项。校地企合作加持的青岛蓝谷，为城市海洋经济发展按下"加速键"，也为全国的校地企合作起了带头作用。

学校依托地方经济发展而建设，地方经济产业的发展离不开学校的支撑，学校同地方和企业相互依存，共同发展。教育信息化2.0时代的到来，为"校地企"之间的沟通交流提供了大数据的平台，有利于构建以"大数据"为基础的人才培养体系，培育更多符合时代发展和社会需求的新时代青年。作为高等教育学校，应该主动同地方和企业建立联系，了解地方经济发展趋势和企业发展对人才的需求，掌握"一手"的企业需求，为企业发展"定制"人才培养方案，满足企业发展需求。尤其是在课程的设置和教育目标的制订中，一定要实际走访企业，了解企业的需求和企业的人才储备要求，不可盲目设置目标、制订课程。作为地方政府，应该积极协调企业与高校人才培养模式，联系高校与企业，帮助高校与企业建立沟通关系，制定扶持政策及资金补贴政策，为高等教育创新创业人才的培养提供有力保障。"校""地""企"三方，可以制定详尽的合作方案和合作协议，将责任与权利清晰描述，保障人才培养体系的完善。

二、优化实践内容，提高实践动手能力

实践是知识来源的主要渠道，但是随着"应试教育"的出现，理论知识被老师和学生放在了更高的位置，而实践被大多数的学校、老师及学生所忽视。这样就导致学生在进入工作岗位后，经常出现"眼高手低""纸上谈兵"等情况的发生，甚至有些书本上的理论知识同实践操作是相反的，学生在进入工作岗位后需要重新学习。随着市场竞争的日益严峻，企业越来越注重自身的发展，这也就导致企业对员工技能的培养重视程度也在不断地增加。教育信息化2.0时代的到来，高校要重视实践的学习，加强学生动手能力的培养，让学生做到理论同实践相结合，将理论知识应用于实践中。2010年，北大青鸟推

出"学士后"教育，这在业内掀起巨大波浪。学士，是完成本科高等教育后获得的学位，"学士后"，很明显就是在完成本科教育后的继续教育。出现这种教育的主要原因是，学生在本科教育中具备较为完善的知识体系，对于基础知识的学习也较为完善，但是缺乏实践，企业并不是不缺员工，相反，企业非常需要"新鲜血液"的加入，但是企业需要的是"学历+技能+经验"的新人才，并不是普通高校培养的毕业生。也正是因为这样的原因，让"学士后"成为一种新风尚。通过实践表明，原本"就业难"的毕业生，经过"学士后"的教育，成为招聘单位的"抢手货"。没有笨学生，只有没有经验没有一技之长的"白"学生。

对于当代大学生的创新创业教育培养，既要兼顾其创新思维又要兼顾创新能力。[①]其中，创新能力便是指大学生的实践能力，在实施创新创业教育时，"唯理论化"与"唯操作化"的教育理念都会将创新创业教育引入迷途。对二者进行合理的设计可以发挥其最大优势，理论与实践并行才能使创新创业教育实现长久发展。利用教育信息化2.0的便捷条件和教育现代化的优势，利用互联网现代技术，优化实习实践内容，增强学生的"实战能力"。利用现代化技术的优势，高等学校可以通过虚拟仿真课程，让学生参与到创新创业过程中，通过网络沙盘开展创业实操，便于学生开展实践技能的培养，提高学生的实操动手能力。作为高等教育学校，可以同企业建立共建实习实训基地，高校为学生提供理论指导，企业为学生提供实践指导，共同完成兼具理论与实践能力的人才，共同为国家发展，民族复兴贡献力量。

三、构建基于教育信息化2.0时代的创新创业环境

目前，我国经济已由高速增长阶段转向高质量发展阶段。积极探索创新创业教育改革，提升创新创业教育研究水平，培养创新创业人才，是国家实施创新驱动发展战略，促进经济提质增效和升级的迫切需要；也是推进高等教

---

① 李林杰. 高校创新创业教育人才培养体系构建的路径探究［J］. 中国多媒体与网络教学学报（上旬刊），2020（4）：121—122.

学综合改革，促进高校毕业生高质量创业与就业的重要举措。在《国务院关于推动创新创业高质量发展打造"双创"升级版的意见》（国发〔2018〕32号）和国务院办公厅《关于深化高等学校创新创业教育改革的实施意见》（国办发〔2015〕36号）的基础上，2019年要求把创新创业教育贯穿人才培养全过程，再一次掀起了高校大学生创新创业的热情。2017年《全国大学生创业调研报告》显示，目前中国高校已逐步形成了若干具代表性的创业生态系统模式。2017年有接近九成的大学生有创业意愿，毕业后创业的比例达到3.0%。1998年联合国教科文机构在《21世纪的高等教育——展望与行动世界宣言》的报告中指出："必须将创业技能和创业精神作为高等教育的基本目标""高等教育应培养创业技能与主动精神"。

教育信息化2.0时代为创新创业教育提供了新的生长环境，同时也为创新创业教育的发展开辟了崭新的天地。教育信息化2.0是一个全新的创业生态环境，在这个大环境下创新创业教育应当展现出新的面貌。"互联网+"行业的融合，为创业者提供了多样化的创业空间，同时也影响着高校对人才培养模式的转变。①当教育走进以"互联网+"为主要内涵的信息化2.0时代时，这意味着高校应当建设适合的教育模式来培养创新创业人才，以教育信息化2.0时代的智能性与创新性来为创新创业教育环境注入崭新的时代元素。

四、创造良好的创新创业环境，帮助学生建立创新创业信心

良好的创新创业氛围，可以激发学生的创新创业信息，提高学生的创业能力，增强学生的创新创业意识。作为高等教育学校，不仅要为学生提供创新创业教育，同时要为学生提供创新创业环境，提高学生的创新创业意识。教育信息化2.0时代的到来，让学校的网络普及程度更高，便于学生利用互联网了解创业知识，也便于学校利用线上的培训、讲座、短剧、影片等方式，向学生传播创新创业知识，为学生讲解国家的创新创业政策，帮助学生树立创新创业的信心。

---

① 陆利. "互联网+"背景下高校创新创业教育人才培养模式探究［J］. 中小学电教，2017（5）：16-19.

（一）以校园传媒为依托，全面宣传和解读创新创业政策

校园传媒是一种广泛存在于高等教育学校，以丰富在校学生的精神文明生活，提高在校大学生思想道德修养，强化校园精神文明建设而设立的一种新闻媒体。大学校园媒体是高校意识形态领域的重要阵地，是加强大学生思想政治教育的主战场，在营造思想舆论和文化环境方面，有着特有的优势。①校园媒体是学生校园生活中的"情报员"，是沟通学校管理层与教师及学生的最佳途径，借助校园媒体可以实现消息的广泛传递，以及舆论氛围的制造与扩散，是校园内实现隐性教育的主要手段。传统的校园传媒有校园广播、纸媒，随着信息化技术的不断发展，校园传媒的种类也在不断地丰富。现在的校园传媒不仅有传统的校园广播、纸媒，还包括视频新闻、微博、直播、微信公众平台等。这些新兴的媒体方式，较传统的媒体方式更受学生的青睐。以现代校园传媒为依托，开展创新创业教育的宣传和解读工作，不仅可以更好地走进学生的生活，让学生更乐于接受，同时可以让创新创业教育做到与时俱进，更具有时代特色和创新性。

（二）建立创新创业学院，实现创新创业教育的专业化管理

创新创业学院，主要的职责是管理全校的创新创业教育工作，包括创新创业课程的开展、创新创业导师的评聘、创新创业竞赛，以及其他活动的开展等。该学院以创新创业教育为主旨，以创新创业服务为主要内容，以创新创业帮扶为根本目的的教育行政部门。目前虽然在大多数高校都已经具备了专业的创新创业工作管理部门，但并不是全部采用成立创新创业学院的方式。笔者认为，创新创业工作是一项复杂的工作，包括教育和管理两个主要的方面。一些高校成立正处级单位负责全校的创新创业工作，更倾向于管理方面的工作，而忽略了教育方面的工作。而创新创业学院，兼具管理与教育两方面作用，同正处级行政单位相比较而言，更系统和规范。

（三）微课堂等碎片化教学，助力课程教学

对于学生而言，课程的教学固然重要，但是碎片化的教学过程也是必不可少的。微课堂教学不仅可以让学生有效地利用业余时间，提高学生碎片时间

---

① 吴鹏宇. 高校校园传媒的教育价值研究［D］. 重庆：西南大学，2010.

的利用率，丰富课余生活，也有利于具有相同兴趣爱好的学生开展交流，有利于学生开展头脑风暴活动，提升学生的团队协作能力，更有利于学生终身学习理念的建立和形成。微课堂等碎片化的教学是课堂教学的补充，也是课堂教学的延伸，可以有效地提高学生的学习质量，挖掘和拓展创新创业知识和理论。微学习是未来学习不可缺少的一种学习模式，由"微"与"学习"两部分构成。① "微"即是指小的、碎片化的，这种学习方式符合当代大学生的学习风格，利用碎片化时间进行知识的学习与摄取不仅可以保护学生的学习兴趣，还可以使学生手中的智能手机发挥更大的学习作用。

五、提升创新创业服务水平，保障创新创业活动顺利开展

（一）政策服务为创新创业教育提供基本保障

作为学生而言，学习是主要工作，但是目前还没有高校设定"创新创业"专业，这样也会造成学生在开展创新创业活动中会耽误正常的专业学习的现象。为保障学生顺利开展创新创业活动，作为高校应以政策形式落实创新创业学分转换制度，切实有效地保障创新创业学生的根本利益，避免学生因参与创新创业活动而"挂科"甚至是不能毕业。创新创业政策是指中央和地方政府机构在一定发展理念指导下，为激发全社会创新潜能和创业活力、实现大众创业、万众创新目标而确定的行为准则或采取的行动计划，是一系列法律、法令、条例、规划、计划、措施、办法等的总称。② 创新创业政策是有关创新创业教育的顶层设计，也是高校开展创新创业教学的总抓手与根本依据。强有力的政策支持是创新创业教育教学的依靠与保障，也是创新创业教育实现跨越式发展的基础。

2016年，教育部印发《教育部关于推进高等教育学分认定和转换工作的意见》（教改〔2016〕3号），明确规定创新创业可以作为学分转换的学习成果进行学分转换。创新创业包括创业实践，以及参与各级各类创新创业竞赛、

---

① 王新国, 秦智伟, 张永强. 高校微课资源建设的探索与实践 [J]. 高等农业教育, 2014 (6)：59–61.
② 曲婉, 冯海红. 创新创业政策对早期创业行为的作用机制研究 [J]. 科研管理, 2018, 39 (10)：12–21.

发表学术论文、申请专利及知识产权等。同时，学生参与的高水平创新创业培训、创新创业讲座也可以作为一种实践活动转换学分。这也说明国家对创新创业教育的重视程度有了很大的提升，也更为重视创新创业人才的培养。以学分转换为主的政策服务，是对进行创新创业大学生一种基本保障，也让大学生没有了"后顾之忧"，可以"轻装上阵"参与创新创业活动。据统计，目前已有超过1000所高校的139万名大学生参与国家级大学生创新创业训练计划，项目类别涉及各行各业，充分体现了当代大学生思维的创新性及发散性，这是国家对于大学生创新创业能力培养的成果，这是对高校学生创新创业教育最大的认可。

（二）创业孵化器为创新创业教育提供保障

在校大学生大多缺少社会实践经验、缺少创业资金、没有工作经验和人脉，所以在创新创业中大多会面临各种各样的问题。作为高等教育学校，应该为创新创业学生提供一定的帮扶服务，包括导师帮扶、政策福利帮扶、资金帮扶等。建立大学生创业孵化器是一种融合了多种帮扶方式为一体的帮扶模式，尤其是在一、二线城市，建立大学生创业孵化器可以解决初创企业的场地问题，为大学生创业者提供廉租场地。同时以孵化器为基地，汇聚更多的青年创业者，各个项目之间可以形成资源共享和优势的互补，强化创业项目之间的交流，有利于上下游产业链的形成。所谓"高校大学生创业孵化器"即是指依托高校设立的包括大学生创业孵化基地、创业中心、创业苗圃等在内的，为创业大学生提供一站式创业孵化服务的综合性机构。①这些校园内的创业孵化机构可以为大学生提供创业所需的各种资源，包括实践活动材料、创业市场资源、相关企业扶持等，这些资源可以促使学生积极开展创新创业活动，并且可以大幅度提升创新创业活动的成功率。

孵化器可以吸引专业创业导师的入驻，及时为孵化企业提供项目的指导和项目的帮扶，减少初创企业的"弯路"，帮助初创企业的创业成果。创业孵化器也会获得各类投资，如天使投资、风险投资，也会吸引银行的入驻，为初创企业办理贷款服务。入驻创业孵化器，可以提高创业成功率，有效地解决创

① 孙颖. 高校大学生创业孵化器管理存在的问题与对策研究［D］. 大连：辽宁师范大学，2015.

业过程中的各种问题。北京中关村软件孵化空间、清华Ｘ—LAB、浙工大创业梦工厂等各创业园，每年都会培养大量创新创业团队，众多专利等知识产权、创业项目都会从这些创业园走向社会，走向国际市场。教育信息化2.0时代，加速了信息技术的交流，加快了科技发展，推动了全社会科技发展的进程。教育信息化2.0为创新创业的帮扶提供了可能性，也为高校学生的创新创业提供了保障，为高校创新创业教育提供技术服务。

六、构建基于教育信息化2.0时代的创新创业竞赛平台与机制体系

大学生创新创业竞赛是落实国家战略的重要实践方式，是改善人才培养质量的重要实践途径，同时也是激发大学生创新创业意识，提升大学生创新创业能力的重要平台。共享单车、荔枝微课等大学生项目，能够从校园走向社会，走向全国市场，其成功离不开创新创业竞赛。

（一）"互联网+时代"的创新创业竞赛

创新创业类竞赛，始于20世纪90年代末，最早的创新创业类竞赛是在清华大学举办，这一新鲜事物的出现引发了一股浪潮，随后共青团中央、中国科协、教育部和全国学联主办了"挑战杯"中国大学生创业计划大赛，并取得了显著成效。在这之后，国内接二连三地出现了各种各样形式的创新创业类竞赛。伴随着国内经济的发展，科技的不断创新，科研能力的不断加强，创新创业类竞赛也在不断的发展，参与的人数、项目数都有了很大的提升。尤其是最近这几年来，随着国内经济的不断发展，以及各个行业的分化和建设体系更加完善，随即出现更多专业类创新创业竞赛。以中国国际"互联网+"大学生创新创业大赛为例，通过查询"全国大学生创业服务网"可知，自从2015年国务院总理李克强提议举办全国大学生"互联网+"创新创业竞赛，创新创业竞赛采用高校动员报名初赛；省内进行创新创业竞赛复赛；最后在进行全国总决赛的三级联动筛选赛制。①累计报名的创新创业项目已经达到了1 111 863个，类

---

① 朱舒晴. 互联网+视域下创新创业竞赛对应用型本科高校大学生素质提升探析［J］. 科技经济市场，2018（6）：149–151.

似这样的比赛，全国有几十种。这充分地体现了创新创业比赛的强大号召力，通过比赛的"呼吁"可以激发学生对于创新创业实践活动的参与热情，从而为其进行创新创业活动奠定良好基础。

（二）教育信息化2.0时代的创新创业竞赛

教育信息化2.0，加速了信息的传递和沟通，也帮助创业者找到更为广阔的创业实践平台和竞赛平台，帮助创业者找到自身"短板"，及时完善不足，保障项目的成功。通过在赛场的考验，可以帮助创业项目找到项目经营中存在的和潜在的风险因素，帮助项目找到不足，有利于创业者对项目进一步的完善。对于创业者来说，赛场上可能会遇到自己的同行，可能会遇到自己行业内的"大佬"，这对于创业者来说，无疑是一次让自己和项目"蜕变"的机会。

（三）完善创业人才培养和流动机制

在人才培养方案修订过程中进一步突出了学生创新精神、创业意识和创新创业能力的培养，将创新创业教育全方位、立体化地贯穿于人才培养全过程，授课对象全员覆盖，拓宽专业口径，强化学科交叉，打造专业集群，打通专业壁垒，搭建集素质教育、专业实践、专题实践、第二课堂为一体的创新创业课程体系，将"全链条、闭环式"创新创业教育融入人才培养全过程。

建立"学习课题化、课题项目化、项目产品化，对接产业、融入专业、贯穿学业、引领创业、促进就业"的"三化五业"创新创业教育体系，以及组织、教学、师资、服务、项目、孵化"六位一体"的创新创业建设体系；更高层次、更深程度、更宽广度地推动第一课堂创新创业理论教学与第二课堂创新创业技能实践活动之间的有机衔接、深度融合；实现创新创业教育融入思想政治教育、专业教育、体育、美育、劳育及实验实训等各个环节；全面提升学生创新创业能力，引导学生扎根地方、服务地方，实现以创新引领创业、以创业带动就业，为地方经济建设培养和挖掘优秀创新创业人才，助推地方经济快速发展。

以市场为导向、行业为依托、企业为主体，通过产教融合、校企合作凝聚共识、资源共享、优势互补、实现共赢。改革创新创业教师考核评价体系，增加创新创业指导考核指标和激励政策，使创新创业教育目标与教师专业发展目标相结合并达到平衡，满足教师、高校、企业多方面需求，汇聚创新创业合力，实现高校与社会优质资源的良性互动，形成全社会支持创新创业的良好生态，推动创新创业教育可持续发展。

第二节　教育信息化2.0时代创新创业教育服务新模式

教育信息化2.0，是将人工智能、大数据、区块链等技术同教育相结合，实现教育的现代化。教育信息化2.0对于教育行业来说，是一场大变革，无论是在教育的方法还是教育的目的上，都发生了巨大的变化，传统的高等教育以课堂为中心，强调的是课堂教学，包括老师的教和学生的学。而教育信息化2.0时代是"互联网+教育"，主要包括两个方面，一是远程教育领域，另一个是学校信息技术教育领域。教育信息化强调的是将互联网现代化信息技术同教育教学相结合，利用互联网开展教育教学活动。互联网技术打破时间和空间上对教育教学的约束，便于教师传授知识技能，方便学生开展学习活动，可以更好地实现终身学习的教育目标。要想促进学生的全面发展，就要不断地提高创新创业水平，增强创新创业能力，同时这也是在全球范围内高等教育发展和改革的新趋势。作为高等教育学校，应该聚焦大学生创新创业服务需求，全面调研、了解大学生的创新创业服务需求，不断地提高服务水平和服务能力，更好地服务大学生创新创业活动，引导更多大学生投身创新创业实践活动，创造更多的科研成果。

一、为创业项目、创业者及创新创业导师建立电子档案，强化信息交流

档案业务信息化是当今时代对档案建设提出的要求。首先，社会信息化导致档案数量剧增，档案载体呈现多样性，档案管理对象不断丰富。[①]繁杂的档案数据使得档案管理必须以一种更加快捷、高效的模式进行数据的整理与

---

① 段艳红.新形势下档案信息化建设的思考［J］.产业与科技论坛，2016，15（17）：274.

归纳，因此信息化技术成为实现这一目的的最佳手段。其次，"互联网+"的飞速发展为档案信息化的实现提供了软件与硬件条件，使得信息化管理模式能够顺利开展。通过以电子信息库的形式为创业项目、创业者，以及创新创业导师建立完善的电子档案，电子档案的制定不仅便于创新创业管理人员对创业项目、创业者及创业导师进行管理；同时可以对有关数据进行分析和评估，对三者进行信息的匹配，帮助创业者找到合理的创业导师，帮助创新创业导师找到心仪的项目；也有利于创新创业管理者掌握学校整体的创新创业工作情况，及时发现创新创业工作存在的问题和不足之处，并加以完善。电子档案的建立，一方面有利于创新创业工作的管理，另一方面也是教育信息化的有力体现，将互联网应用于教育领域，打造智慧校园、智慧教务体系。

二、建立专业化服务团队，提高服务质量

专业化的服务团队具备较强的服务能力，同一般的服务团队而言，掌握专业的创新创业理论，具备一定的创新创业指导能力，或者是在税务、工商、法律等某一方面工作上具备较强的工作能力。通过建立专业化的服务团队，可以有效地提高创新创业服务能力，提高对创新创业团队的服务与管理，提升创新创业团队的双创能力，鼓励更多在校学生参与到"双创"活动中来。在创新驱动发展战略的背景下，作为高等教育学校，应该调整创新创业服务团队的结构，加强服务能力的培养，提升服务水平。

选拔有创新创业兴趣、激情、潜质与愿望的学生参与大学生创新创业训练项目、创新与技能训练项目，提升学生创新创业实践能力。以创新创业竞赛为抓手，以赛促学、以赛促练、以赛促创，让学生在比赛中锻炼，在比赛中成长，在比赛中展现学校创新创业教育成果。引导创新创业精英依托社会优势资源注册公司，入驻科技企业孵化器进行创业孵化，为青年创业者搭建高效务实的创业平台，在企业宣传、团队培训、资金补贴、信息政策等方面给予大力扶持，提高创业者创业成功率。

三、加快互联网＋政务平台建设，推进数据共享，服务创业者

当前以智能化、智慧化为特征的第四次工业革命正在改变人们的生产生活方式，互联网已经渗透到了各行各业。"互联网＋"的迅速崛起，各行各业借助着互联网平台和大数据模式，实现了快速发展。"互联网＋教育"推进了教育信息化2.0时代的到来；"互联网＋农业"，实现了农业信息化的到来。"互联网＋政务服务"模式是政府"放管服"的关键环节，也是便捷创业者政务办理、提高创业者创业成功的重要方式。加速推进数据共享，打破长期以来存在的"数据壁垒"和"信息孤岛"现象，便于创业者了解政务、熟悉政务，更好地掌握国家发展趋势和经济发展方向，这样就可以更好地抓住创新创业机会，提高创新创业成功率。

四、充分发挥现代化信息技术的优势，开展多渠道创新创业知识培养

现代化信息技术具有传输时间短、传输信息多等优势，所以被广泛应用于各行各业。在教育领域中引入现代化信息技术，一方面，可以有效地提高教育成效，另一方面，有利于教育水平和教育能力的不断提升，将教育同社会发展有机结合起来，为教育事业的蓬勃发展提供新的思路与途径。高校应充分发挥现代化信息技术的优势，不能局限于课堂上的创新创业教育，利用直播、微信公众平台、微博等多种方式作为课堂的补充体，进一步开展创新创业教育，提高学生的创新创业意识，增长学生的创新创业知识，提升学生的创新创业能力，可以号召更多的青年学生参与到创新创业活动中，为全社会的创新创业事业贡献青春力量，为实现创新驱动发展国家战略彰显青春力量。

第三节　教育信息化2.0时代创新创业课程新模式

在一次关于"获取创业知识的来源"调查问卷中，"学校授课"占比高达45%，接近一半的被调查者都认为学校授课是创业知识获取的主要途径。所以课程在创新创业教育中起着至关重要的作用。在当今学术界对"课程"的研究中，很多学者放弃了对"统一"的课程定义或者课程概念的追求，转而接受了多元本质观或对课程的多元理解。①课程，追其根本，是一种文字化的教育经验分享，通过课程的学习，有助于学生对前人的知识技能进行了解和学习，达到自身获得的目的。

创新创业课程是创新创业教育的核心内容，目前在各高校中，创新创业课程有主修课程、选修课程两种形式。随着对创新创业教育重视程度的不断增加，对创新创业课程的要求也从选修课程逐步发展为主修课程，课程形式也从最开始的线上教学发展为线下教学，再到现在的线下为辅、线上为主的教育教学方式。

传统的创新创业课程主要是老师讲、学生听，老师讲授各位商界"大佬"的创业成功史，讲述他们的峥嵘岁月，讲述专家最新的创新创业理念，学生也是"填鸭式"地接受各位老师的"传道授业解惑"，懵懵懂懂地学习创新创业知识。但是何为创新？如何创业？对学生来说仍是一头雾水。为什么要上这个课，怎么上这个课，是学生、老师及学校应该共同思考的问题。

目前大多数高校的创新创业课程，都存在教学模式单一落后、教学参与度不高等问题，这些问题的出现也导致创新创业教育的成效不明显、教学资源的浪费等情况的发生。教育信息化2.0时代的到来，对于创新创业课程的设置和管理来说，既是一种机遇，同时也是一种挑战。因为教育信息化2.0可以为创新创业课程提出新的思路和新的途径。传统的教学以文字输出和知识讲解为

---

① 宋国才. 中国课程概念研究四十年：回顾与展望［J］. 湖南师范大学教育科学学报, 2018, 17（6）：17–23.

主，不利于学生对知识点的理解。随着5G时代的到来，利用现代化信息技术开展教育教学活动，已经不再是遥不可及的梦想，而是教育事业发展的必然趋势。利用现代化信息技术，可以丰富学生的课堂，将枯槁的文字转换为更为生动、具体的视频、音频、图片，更为便利地展现在学生的视野中，方便学生的记忆与理解。翻转课堂、微课程、混合式学习等形式的教学方式，不断走进大学校园，走进学生的课堂教学中，为学生的课堂教学提供一定的参考。虚拟仿真、新媒体等技术是现代化新兴的技术手段和技术方法，具有一定的前沿性，在各个领域都有一定的使用，将其应用于创新创业课程的教学，不仅可以实现教育的现代化，同时有利于学生接受创新创业教育，理解创新创业教育。

一、虚拟仿真技术在大学生创新创业课程中的应用

虚拟仿真技术，又被称为虚拟现实技术，简称VR，是基于数字化技术，将图像打造为虚拟世界[1]，利用头盔等硬件设施，达到虚拟与现实的交互。虚拟仿真实验具有较强的交互式、沉浸式和趣味性[2]广泛应用于实践教学中，并发挥了重要的作用。目前虚拟仿真技术已经广泛应用于教育领域，尤其是在一些较为复杂的实验教学中，虚拟仿真技术发挥了重要作用。虚拟仿真技术可以有效地拓展已有的实验内容的深度及实验的广度，丰富实验教学资源和教学形式，同实物实验有机结合起来，能够做到二者的互补，同时又可以实现相互验证的目的。虚拟仿真实验具有形象化、可视化的实验效果，以及实验的分析功能，对于强化学生对抽象的理论知识学习，培养学生的实验技能，以及整体的实验设计能力具有重要作用。与此同时，虚拟仿真实验可以增强学生的参与度，避免一些学生在实验过程中"事不关己高高挂起"，可以让每一名学生都能参与到实验中，充分调动了学生参与实验的积极性和主动性。虚拟仿真技术也可以激发学生的创新意识，提高学生在课堂中的参与度，将虚拟仿真技术应

---

① 吴强. 数字虚拟仿真在博物馆展示中的艺术应用——以大地湾博物馆为例[J]. 中国包装, 2021, 41（11）：62–64.

② 梁慧, 邓毅, 夏保国, 等. 基于在线虚拟仿真技术的应用型本科课程混合式教学改革探索[J]. 湖北经济学院学报（人文社会科学版）, 2021, 18（11）：151–153.

用于大学生的创新创业课程中，将会更好地激发大学生创新创业意识，培养大学生的创新创业能力，引导更多大学生投身创新创业。

二、新媒体、网站等互联网渠道对创新创业知识进行补充

新媒体是一种区别传统媒体的一种媒体形式，具有双向传播、实时传播的性质，同时也是当今大学生喜闻乐见的媒体方式。通过新媒体平台传播大学生创新创业知识，提高学生创新创业意识是一种切实可行的方式。新冠肺炎疫情防控期间，线上的教学已经成为一种新兴的教学模式。腾讯、阿里等都推出了线上教学平台，腾讯会议、钉钉等互联网在线教育平台的发展，为教育教学提供了新的方案和解决办法。直播、短视频等线上教学的方式，最大限度地还原了课堂教学。线上的学习方式，可以有效地利用学生的碎片化时间，作为线下教学的补充，帮助学生更好地理解课堂教学内容。但是新媒体对于大学生来说也是一种挑战，作为当代大学生，要想在激流勇进的新媒体时代获得社会的认可，取得自己的成绩，就要不断地提高自身的综合实践能力，提高自己的竞争能力，只有这样才能满足时代发展需求，获得更多创新创业机会。

三、将创新创业教育融入专业领域中，使创新创业教育更加具体化

作为大学生，学习专业知识、提高专业能力是重要的任务，创新创业教育作为一种新兴的教育，应该同专业教育相融合，不能脱离专业教育，离开了专业教育的创新创业教育就是"纸上谈兵"，没有任何的实践意义。一方面，"专创融合"要求要打开专业教育同创新创业教育之间存在的壁垒，寻找二者之间的契合点，寻找契机，将二者有机地结合起来；另一方面，要不断地拓宽二者融入的范围，增大二者融入的可能性，提高融合的成功率。在实际的教育教学中，要加强创新创业教育的针对性，针对不同的专业、不同的学科等实施不同的创新创业教育，为每一个专业的学生量身定做属于他们自己的创新创业教育。

目前存在一些高校，只为了完成任务而开展创新创业课程，而不考虑不同专业学生的创新创业思维存在差异等问题，盲目地开展创新创业课程教学。在教学过程中，也不是选择本专业具有创新创业导师资历的导师进行授课，而是随机分配。这样很容易导致授课教师对学生专业了解不多，对创新创业的指导不够具体，最终导致教育资源的浪费，学生也不能从创新创业课堂中得到有益知识。

第四节　教育信息化2.0时代创新创业导师队伍建设新模式

从全球的范围来看，无论是发展中国家还是发达国家，都高度重视教师及教育的发展，所以在教育、教师、教学方面的科研成果也比较多。但是同传统的教育相比较而言，创新创业教育理论的起步较晚，发展的速度也比较缓慢，师资队伍的建设也同其他的教育存在较大的差异。同时由于地域的差异，创新创业指导教师师资队伍的建设存在较大的差异，教育水平的差异决定我们并不能对其他国家的师资队伍建设经验照搬照抄，尤其是标准的创新创业指导教师队伍的建设。教师质量直接影响到教育质量，创新创业教育亦是如此，只有提高了创新创业指导教师的教学能力，才能够培养出更好的具备创新创业精神和创新创业能力的人才。

加强创新创业师资队伍建设，可以更好地将创新创业教育融入人才培养全过程，有助于提高创新创业人才培养质量，培养出更多高水平的专业型创新创业人才。聘请校内专家、知名学者、优秀校友、企业家、投资人、技术专家等担任大学生创新创业导师，打造出一支能够将创新创业教育与素质教育、专业教育紧密融合的"专业名师+技术专家+企业家+就业指导师+创业指导师"导师队伍，是高校建设特色创新创业教育工作体系的重要举措，对进一步统筹推进高校创新创业教育改革和推动高校创新创业教育工作水平整体提升具有重要意义。

教育信息化2.0时代，可以为创新创业导师的培训、考核、管理提供技术支撑，利用先进的科技手段，达到对创新创业导师的智能管理和智能培训，强化创新创业导师师资队伍的建设，提高创新创业导师的指导能力，提升高等教育学校创新创业教育水平和教育能力。

一、打破时间、空间障碍的校内校外"双导师"模式

"师者，传道授业解惑也。"长期以来，教师在教育教学过程中起着重要的作用。创新创业教育，作为教育中的一种，自然也离不开创新创业导师。创新创业导师具有丰富的理论知识和实践经验，可以为学生提供间接经验，帮助学生树立创新创业意识，提高学生的创新创业能力，构建完整的创新创业体系。

高校教师具备充分的教育教学能力，具有丰富的教育教学经验，但是大多数的高校教师并没有参与过创新创业实践活动，并没有亲身经历创新创业过程，所以在创新创业教育方面，大多数只是来源于"第三方"的社会实践和理论知识，所以在教学过程中并不能以一名创业者的视角去分析和解决创业过程中的问题。大多数的校内创新创业导师，将创新创业指导局限在创新创业理论和创新创业课程教学方法的研究上，缺少实践指导能力。

而校外创新创业导师，具备丰富的创业实践经验，能够以一名行业专家身份对创新创业项目进行指导，但是校外创新创业导师大多缺乏创新创业理论研究，而且擅长的领域比较单一，只能有针对地进行项目的指导和帮扶。

学校通过聘请校外知名企业家、行业著名专家作为创新创业校外导师，将校内创业导师同校外导师进行组合，打造校内校外"双导师"模式，一方面，可以弥补校内导师与校外导师在专业创新创业教育领域上存在的弊端，另一方面，也有利于学校同企业、创业项目同市场沟通，打造"产教"融合的教育模式，推动学校同企业的沟通和交流，也利于学校培养更多符合企业需求的创新创业人才。教育信息化2.0时代的到来，可以帮助创新创业导师打破时间、空间上的障碍，实现沟通的自由，也可以帮助校内导师开展线上培训，增强校内导师指导能力，提高指导水平。毕业生可以通过母校建立的创新创业平台，同创业导师交流经验，获得项目指导。

二、建立健全创新创业导师准入机制和评价体系

（一）提高创新创业导师准入机制

现代的教育，教师的主要工作是为教育事业服务、为学生服务，尤其是创新创业导师，更多的工作是对学生进行创新创业的引导，而不是单一地进行知识的传输。但是目前在很多高校中都存在一些创新创业导师，只是因参与某项创新创业课程培训或者具备某种创新创业相关的证书，就被学校聘为创新创业导师。可能导师本人对创新创业也没有太多的了解，没有创新创业经验，更没有理论研究成果。还有一部分高校，为了满足一些硬性指标和规定而"生拉硬拽"虚报创新创业导师。这样不仅不利于对学生开展创新创业教育，甚至会对学生的创新创业教育产生负面的影响。对于这种情况，要提高创新创业导师的准入机制，认真筛选，选出能真正为学生带来创新创业教育、能为创新创业教育做贡献的创新创业导师。对于已聘创新创业导师，要加强导师的师资培训，要不断提高导师的培训能力，满足学生及经济发展对创新创业导师的需求，为新一代创新创业人才培养事业贡献力量。

一方面，通过开展系统化、制度化的培训、进修、企业挂职等方式，大大提高其创新创业能力和水平。另一方面，通过加强校企合作、校地合作、校校合作，积极聘请有丰富实践经验的优秀企业家、企业管理人员、技术专家、政府官员、专家学者及创业、投资成功人士担任兼职创新创业导师，实现高校与社会资源的高效整合与无缝衔接。培养了一支专兼结合、多学科、多领域、能力互补的高素质创新创业教育师资队伍，促进创新创业教育与专业教育的健康发展。

（二）建立健全创新创业导师奖评价体系

创新创业导师队伍的质量直接关系创新创业教育的成效，影响了对学生创新创业的引导，所以加强对创新创业导师的管理，既是对创新创业教育的负责，也是对国家创新驱动发展这一国家战略的支持。也正是因为这样的原因，各高校高度重视创新创业导师队伍的建设，从理论建设到实践建设都有诸多成果。但是在队伍的建设过程中，关于创新创业导师的评价体系研究的学者并不

是很多。笔者认为，创新创业导师的评价体系对于创新创业导师队伍的建设至关重要，直接影响着导师的工作积极性和工作效率。高校应该建立健全创新创业导师的评价体系，优化创新创业导师的结构层次，尤其是在创新创业导师的职称评定和职位晋升等方面，要进行合理的规划，给予创新创业导师成长和晋升的空间，增强创新创业导师的工作积极性。

三、以校友为契机，发掘优质校友资源，扩大创新创业导师队伍

校友资源对于高校来说，是宝贵的资源。一方面，校友在专业性方面同在校生具有很多联系，可以更好地为在校大学生在理论同实践相联系的过程中提供一定的指导，可以为在校生的就业创业选择提供"减法"，校友的成功案例也可以激发在校生的学习信心，以校友为榜样，让在校生的学习不再迷茫。另一方面，校友对母校有着浓郁的情感，感激、怀念等诸多情绪融为一体，所以更乐于为母校的教育事业贡献自己的力量。长期以来，各高校也高度重视校友资源的保护与开发工作，大多数学校都建立专门的部门，如校友会，来联系校友。作为高等教育学校，可以选聘优质校友作为学校的创新创业导师，增加创新创业导师数量，扩大创新创业导师资源，强化学校创新创业导师队伍的建设。同时可以以校友创办的企业或者校友的创业项目为载体，建立校企合作关系，加强学校同企业、学校同市场的联系，了解企业和市场对创新创业人才培养的需求，有针对性地培养创新创业人才。高校可以依托校友创新创业基金设立创新创业种子基金，为一些具有较强先进性和市场潜力的学生项目提供资金支持，帮助学生开展创新创业活动。

2018年，西安交通大学选聘校友为创新创业导师，选择具有丰富创新创业经历的校友作为创新创业导师共同参与学校的创新创业工作中。广东海洋大学选聘黎文祥校友作为创新创业导师，同在校生分享创业成功事迹，勉励在校生投身创新创业工作中；燕山大学聘太平洋建设首席运营官金亮校友为学校大学生创新创业导师，让在校生明确专业知识同创新创业能力的培养息息相关。作为高等教育学校，应该紧密联系创新创业校友，尤其是入选科技部火炬创业导师、全国万名优秀创新创业导师人才库等具有较高创新创业荣誉的校友，积

极选聘其作为母校创新创业导师，参与到母校的创新创业工作中，为母校培养高水平的专业型创新创业人才献计献策。选聘校友作为创新创业导师参与到学校的创新创业工作中，既同校友建立了深刻的沟通，也有利于有针对性地开展本校的创新创业工作，实现专创融合。

四、深化改革，加强创新创业教学体系建设

把创新创业教育纳入教育教学计划，构建多层次、立体化的创新创业教育课程体系，将创新创业教育作为深化教育教学改革的重要内容之一；选聘一批创新意识强和创业经验丰富的教师组建"创新创业课程教师团队"，聘请一批企业家和创业成功人士为兼职教师，建设一支专兼结合的教师队伍；组织编写相关教材和辅导资料，形成具有特色的创新创业教材体系；对创新创业活动成绩突出的学生、指导教师进行表彰奖励。

以地方行业特色和学校办学优势为依托，推进大学生创新创业训练计划项目的实施，提高创新创业的文化和科技含量，打造"文化创新创业"和"科技创新创业"品牌；优化组合学校资源，完善创新创业教育服务体系，强化对创新创业典型的培育；设立创新创业专项课题，定期举办经验交流会、成果展示会，促进创新创业教育水平不断提高。

教育信息化2.0时代的到来，为创新创业工作提供了新的思路与新的途径，为创新创业导师队伍的建设和能力的提高也提供了新的解决方案。信息技术革命性的变化催发了教育信息化的不断进步，促使创新创业教育也发生了革命性的改变。新时代的到来，对于创新创业工作来说不仅要不忘初心，同时也要根据时代的变化和社会的进步不断地提升和进步。创新创业教育不仅要求学校的参与，家庭、企业、社会也都要参与到教育的过程中。创新创业教育要同专业教育相结合，同思想政治教育相结合，进而形成专创融合的教育，为社会的发展和时代的进步贡献力量。

第四章　教育信息化2.0时代高校创新创业教育治理新模式

　　"治理"一词出现于20世纪末，在出现后很快便成了社会多个领域内的热点话题。但是治理的全球化进程却是缓慢的，发达国家的治理发展程度要明显高于发展中国家，这不仅是由社会的形态差异导致的，更是不同国家政策体系特点的体现。"治理"是对"管理"的继承与发展，究其出现的根本原因，褚宏启教授认为："治理的兴起是为了缓和日益复杂的社会事务与相对集中的公共权力之间的矛盾，治理试图重新配置公共权力，通过向社会组织、私营部门等开放权力的方式提高国家管理的弹性与韧性。""治理"理念的出现意味着人类社会进入了新的发展阶段，人们对于社会生态以及上层建筑的要求日益提高，因此，"治理"作为一种缓解人类社会矛盾的主要手段被赋予了美好的期待。

第一节　教育治理内涵解读

　　"教育治理"是"治理"理念在教育领域内的延伸与发展，教育治理是指国家机关、社会组织、利益群体和公民个体，通过一定的制度安排进行合作互动，共同管理教育公共事务的过程。[①]教育治理的主体是多元的，它不再如教育管理一般以集中的权力与刚性化的决策来统筹教育活动，而是将集中的权力下放至不同的群体之中，这些群体包括了学校、社会团体、组织机构及家长

---

① 褚宏启. 教育治理：以共治求善治［J］. 教育研究，2014，35（10）：4-11.

团体等。多元主体的参与可以为教育治理赋予公平、自由、民主的属性，可以缓解、解决教育管理在社会环境中映射出来的一些问题。这些问题是政府与市场"双重失灵"导致的①，当已有的管理体系不能应对事物发展的过程中呈现出来的新问题时，那么必会衍生出一种与新局面适配度更高的新的管理手段，即教育治理。同时，教育治理也是维持并保障教育公益属性的重要手段，"共治"必然会谋取利益的均衡分配，各种因素互相影响与制约会不断地拉扯教育公益性的这根长绳，使之维系着微妙的平衡。

一、教育治理主体呈现出多元化特点

治理主体多元化是教育治理与教育管理的主要区别，同时也是教育治理更具民主性与公平性的核心体现。多元化的治理主体对于教育治理的促进作用是十分巨大的，杜占元曾说过："要办好世界规模最大的教育，单靠政府一家是远远不够的，广泛吸引、激发社会力量参与教育建设是达成'教育治理'各项目标的关键。"②这句话不仅道破了多元主体参与当今教育治理的必要性，还指出了多元主体对于教育的良好发展具有不可替代的作用。随着信息社会的深化发展，教育领域从未像现在这般几乎对所有的个体敞开了大门，而教育容纳的个体类型愈丰富，便愈加需要以多元化的手段对教育进行治理。随着教育现代化进程的持续性推进，自由化、公平化的教育逐渐成了人们心中对"理想的教育"的评价标准，这种想法的形成不仅代表着人们已经不满足于传统的教育供给，更代表着教育已经进入了新的历史发展阶段。教育活动归根结底是为了人的发展服务的，因此人的诉求便成了指引教育发展方向的"灯塔"。在人民渴望自由教育与平等教育的呼声下，吸纳多元化治理主体参与教育活动便成为了一种教育治理新形式。

互联网从出现至今已经给人类社会带来了深刻的影响，而它在整个社会范围内掀起的浪潮也彻底改变了人类社会活动的形态。对于教育治理而言，

---

① 褚宏启. 我们需要什么样的现代学校制度 [J]. 教育研究, 2004 (12) : 32-38.

② 杜占元. 以教育管理信息化推动教育治理现代化 [N]. 中国教育报, 2015-01-22.

"互联网+"的出现使得教育与愈来愈多的相关领域进行了融合与发展,在这个过程中,许多主体都参与到了教育治理的体系中来,从而形成了多元化教育治理的格局。多元化主体参与治理体现出了教育治理的包容性与民主性,在传统教育管理体系中,管理主体往往是单独的个体,这就难免会出现教育决策主观性、管理刚性化的弊端。而多元主体参与到教育治理中来可以发挥"共商"的优势实现"共治",从而避免权力过于集中为教育体系带来的危害。除此之外,多元主体的参与也满足了人们直接参与教育治理的需求,在传统的教育管理中,人们虽然也以各种形式参与了相关管理,但是始终是间接的。教育治理的出现为人们提供了直接参与到教育治理体系中来的契机,可以充分让人民行使当家做主的权力,真正使教育为人民的发展与需要服务。

二、教育治理的运作具有契约性与民主性的特点

"教育治理"是随着党的十八届三中全会通过的《中共中央关于全面深化改革若干重大问题的决定》中提出的"推进国家治理体系和治理能力现代化"这一命题而出现的,是社会治理形态在教育领域内的延伸与发展。在教育治理被提及以前,教育体系一直奉行的是单向化的管理,之所以说管理是单向化的是因为管理流程是自上而下的,管理的主体是单一稳定的,管理的运行是直线式的。这些特点使得教育管理这一形态不再适合当今时代教育的发展需要,在信息社会中,教育需要以更加开放的胸襟、更加多元的结构来应对来自外界,以及自身发展遇到的挑战。

之所以说教育治理的运作具有民主性的特点,是因为它的运作是协商性的、共生合作的双向"治事理人",权力执行路线是"由事及人"[1]这使得人的主体地位,以及人的意志被充分地考虑进了教育治理的过程,在传统的教育管理体系中,人的意愿是被排在次位进行考虑的,管理体系的运行方式是由上到下,大多数人被排斥在了体系之外,在管理体系下所做的教育决策是刚性化的,人们的意志并没有得到充分的体现。在教育治理体系中,这种情

况得到了有效的改善，多元主体的加入使得教育治理体系成为人民直接行使治理权力的平台，由于治理主体的来源多样化，使得教育治理体系呈现出多元素化的特点。

在教育治理体系运作的过程中，不同主体彼此联系，共同发挥作用。与传统的管理体系中的"单力"不同，这种作用是一种"共力"，是多元主体自身的力量作用在一起的结果。这就使得教育治理在运行的过程中存在一种"契约"，"契约"不仅仅体现出多元主体共同参与教育治理的形式，更是对多元治理主体行为的一种约束与平衡。在当今的教育治理中，参与主体愈来愈多是一种必然的趋势，也是教育实现现代化治理的重要途径。但是治理主体的多元化又会使整个教育治理过程变得更加复杂，如何处理好多元治理主体在教育治理过程中的关系变成为主要的问题。但在对多元主体的关系进行处理的同时，我们发现多元主体之间存在着一种自发的"契约关系"，这种关系可以通过一种隐性的方式调节多元主体治理之间的矛盾，使整体维持着微妙的平衡。这种契约关系相当于一种自发的调节机制，可以使治理体系变得更加稳定有序。

三、教育治理的价值目标在于形成教育新格局

教育治理是一种方式与手段，其最终的目标在于提升整体教育水平，赋予教育时代化的特征，为人民提供高质的教育、满意的教育。褚宏启教授认为教育治理的价值目标在于形成"高效、公平、自由、有序的新教育格局"[①]，这种新格局是为教育发展服务的，致力于从教育治理层面切实提升教育的质量。"高效"是教育治理必然的价值追求，无论采取哪种治理方式，人们都希望这种治理方式是高效率的、高效能的，可以为整个教育体系带来积极的影响。"高效"也是一种衡量教育治理方式是不是优质治理的主要标准，人们不断提升教育治理水平、改良教育治理形态，其最终目的就在于使教育治理在运行过程中变得更加富有能量、富有效率。而自从人类步入信息社会后，社会事务变得愈加繁重，教育领域内亦显现出了这样的特征，因此，如何改良教育治

---

① 褚宏启. 教育治理：以共治求善治 [J]. 教育研究, 2014, 35 (10)：4–10.

理方式，提升处理教育事务的效率就成了其首要的追求目标。

"公平"是教育现代化的内在之义，也是现代教育与传统教育相区别的主要特征。社会上教育的资源是有限的，如何对这些教育资源进行最优化的分配是教育治理应当着重思考的问题。先前的教育管理的经验告诉我们，一元制与单向运行系统是无法满足人民群众对教育资源合理分配的期望的，唯有当多元化主体参与到教育治理的体系中时，不同群体的声音才有机会被聆听到，至此，教育公平也就有迹可循了。教育公平不仅体现为教育资源的平均分配、受教育机会的均等，还体现在教育治理的参与程度上。教育资源的倾斜与分配往往都是由教育治理者进行决策的，而多元治理主体的参与确保了在教育的顶层设计层面实现根本性的公平。公平的理念蕴藏在教育治理体系的精神内涵中，同时也是教育治理要建设的一种教育环境，因此，"公平"既是教育治理的出发点，也是它的归宿。

"自由"这一价值目标更能够体现出教育治理体系的特点，在传统的教育管理体系中，整个系统是封闭的，较少考虑人的意志，并且往往会为了达成某些目标来限制人的自由发展。这样的管理方式使得整个教育环境呈现出压抑、消极的氛围，不仅不利于教学活动地推进，还会对学生的成长与发展带来阻碍。而教育治理体系以更加开放更加包容的姿态去对教育活动进行干预与引导，它规定总体目标，鼓励渠道的多样性；它秉持教育原则，更注重实践的操作性；它渴求教育的发展，更关心个体的成长。这样的治理体系可以在尊重教育原则、抵达教育目标的同时，为受教育者建设更加开放与自由的生长环境，以此促进受教育者积极地成长。自由的教育价值观是个体发展诉求在教育方面的体现，也是身处信息社会中的人们产生的新的发展愿望。自由的理念使得人们更加关注内心的需求，更加向往开放的发展环境，在信息化的推动下，人的主体意识不断地觉醒，并且对自身的发展有了更高的要求。教育治理应当为人的这一发展需求服务，应该不断升级相关治理理念、改变教育治理执行方式，进而推动教育活动的更新与前行，为人的自由化成长提供养分。

"有序"是就教育秩序而言的，所谓的教育秩序即是一定的教育行为方式的固定形式，是对教育行为的偶然性、任意性、情绪化的超越和否定，包括了教育教学秩序、教育从业者工作秩序、教育管理秩序等。[1]教育活动作为一种独立的体系，从社会大环境中分离出来的那刻开始，便意味着它形成了一套自身的运行体系，教育活动具有复杂多样的特点，这就需要教育治理者去思考并探索出能够维持教育秩序的有效途径。无论是教学活动、教师工作还是教育治理，任何环节都需要一套稳定的秩序来维持其运行，稳定的秩序不仅可以确保教育教学活动的顺利开展，还会形成良性的教育治理氛围，促使教育蓬勃地生长。

第二节　教育信息化2.0视域下高校创新创业教育治理新模式

教育信息化开辟了教育活动的新时代，信息化的出现为教育平添了许多时代特性，如开放性、共享性、智能性、民主性与自由性。这些新元素的出现势必会对教育的上层管理带来巨大的冲击，当外部大环境改变时教育内部往往会调整自身的结构来顺应外界的发展趋势，基于此，教育治理也就呈现出了与信息化时代适配的新模式。信息化背景下，教育治理的特点主要体现在参与主体多元化、治理模式协同化、教育决策数据化、治理过程动态化、顶层设计信息化等方面，而教育治理这些新特征随着教育信息化的发展与普及渗透进了不同阶段的教育中。对于高等教育而言，信息化时代带来的教育治理模式的改变对其有着重要的影响，这是因为，高等教育系统作为一个与经济社会发展具有高度同构性的社会子系统，其改革创新发展与技术进步密不可分。[2]换言之，高校作为教育金字塔的最高层级与社会有着密切的接触，并且受社会的影响也是最大的，社会上的某些新理念与新生态的出现都会在高校中产生连锁反应，并且反应结果通常也会快速地给社会以反作用。

随着我国"双创"如火如荼地推进，"大众创业，万众创新"已经成了

---

① 褚宏启. 教育治理: 以共治求善治 [J]. 教育研究, 2014, 35 (10): 4-10.

② 许晓东, 王锦华, 卞良, 等. 高等教育的数据治理研究 [J]. 高等工程教育研究, 2015, (5): 25-30.

驱动我国社会经济发展的主要动力源，对促进国家稳步发展具有重要的战略性意义。创新创业教育作为支撑"双创"的主要力量在高等教育界引起了新一波的研究热潮，高校创新创业教育的发展离不开教育治理的顶层设计与宏观调控。当教育信息化2.0时代为高校创新创业教育提供了新的发展环境时，教育治理又该呈现出怎样的新型治理模式，才能更好地为创新创业教育的发展保驾护航呢？当我们把教育信息化2.0时代的特性与高校创新创业教育的发展之义进行融合时不难发现，教育信息化的出现为高校创新创业教育治理存在的一些弊病提供了矫正与改良的机会，二者深入融合、共同发力，将创新创业教育转变为社会的有效产能。

一、吸纳多元主体参与治理，发挥互联优势实现资源共享

"多元主体参与"是治理活动最鲜明的特性，也是"治理"与"管理"的核心区别。"治理"从诞生伊始就意味着它不是作为单一主体的政府的统治和管理，而是多元主体参与的民主化管理。①在教育领域中也是如此，教育治理的主体由政府与决策部门转变为不同类型、不同属性的群体共同参与，这些群体中可以有社会组织、学校部门、家长团体等，涵盖了学校、社会、家庭三个基本教育领域。多元主体参与教育治理是教育通往教育公平、教育自由的一条康庄大道，因为实现教育公平与自由的最终目的是为了促进人的更好地发展，是为了保护人的发展。当教育的管理权与决定权只掌握在少数人手里的时候，教育决策与教育分配难免会出现疏漏与偏颇，而只有治理主体多元化才能够在进行教育决策的时候充分平衡各方的利益，使教育朝向民主与自由的方向健康发展。

（一）教育治理由"共治""善治"抵达"好的教育"

褚宏启教授曾提出"以共治求善治"②的教育治理新目标，他认为"共治"是手段，"善治"是目的，而实现"好的教育"则是最终的目的。当教育

---

① 滕世华.公共治理理论及其引发的变革[J].国家行政学院学报,2003(1):44-45.
② 褚宏启.教育治理：以共治求善治[J].教育研究,2014,35(10):4-11.

管理权力被集中在少数人手中时，这时的教育满足的只是以少数人为代表的群体的利益，历数古今中外任何国家的教育发展史，我们很容易就为这句话找到充足的论证依据。但是教育现代化强调教育的公益性、公平性、民主性与自由性，这就迫使教育不得不改变自己的管理结构并将自身的权力进行外放。权力的下放与外放是教育活动实现共同治理的重要标志，这意味着更多的群体的利益被考虑进来，社会上由教育所产生的种种利益也在被重新以更加均衡的方式进行分配。唯有共同治理才能实现好的治理，因为共同治理满足了好的治理所需的民主性与足够的公平性，教育治理的最终目的始终是要落实在教育活动中的，教育治理的最终目的是促使"好的教育"的产生与出现。

所谓的"好的教育"就是满足人类共同利益的教育，教育活动具有极大的特殊性，因为它的目标指向的是人，而塑造什么样的人则体现出了不同群体的利益特点。在封建社会，教育需要培养统治阶级需要的人才，为了维系社会稳定，儒家的精神思想被统治者悦课，以儒家思想为核心的中国古代教育体系代表的是封建统治阶级的利益。在西方国家，教育由最初的城邦教育到后期的骑士教育均代表着统治者的利益，随着工业社会时期中大大小小的工厂不断地如雨后春笋般冒出，以城市学校为代表的新型技术型学校的出现代表的是资本家与个体经营者的利益。直至今天，没有哪个时代可以比当今这个时代更加关注人的个性，也没有哪个时代像今天这般将个体的地位提到如此显著的位置。因此，在当今时代中的"好的教育"就是指能够满足大多数人发展需求的教育，满足人类全面发展的教育，满足人的主体地位得到充分体现的教育。而这种"好的教育"的出现离不开教育治理的顶层设计，由此可见，多元治理主体的参与势必会比单一化的管理主体更具优势与潜能。

"共治"是"善治"的基础与前提，也是实现"善治"的必经之路，多元主体参与教育治理会为教育决策提供更加周全的提议方案，它可以避免踏入权力过于集中的"专制怪圈"。在信息化时代，社会体现出了自由、开放与包容的特点，社会环境的变迁使得生活在其中的人们产生了新的愿望与新的诉求，诉求的内容包含了民主的参与、公平的分配及个性的发展等。这种强烈期望的出现促使社会改变顶层设计形态，由集权式的管理逐渐过渡到分权式的治理，这种转变不仅体现在决策人数的变化，更体现在决策精神内涵的变化。

"共治"的特点与优势满足了人们对于"善治"的一些期待，但是"共治"并不完全等同于"善治"，从"共治"到"善治"还有很长的路要走，在这个过程中治理主体的发展与迭代对于实现"善治"目标具有重要的推动作用。

（二）高校教育治理封闭化为创新创业教育带来发展困境

此处的高校治理封闭化是特指创新创业教育领域而言的，封闭化是指高校与外界环境的交流程度不够深，导致创新创业教育体系在高校较为封闭的治理下闭塞化发展。创新创业教育与其他教育内容不同之处在于它具有高度的现实性，任何创新创业理论都需要在现实环境中得到实证与检验，这就使得创新创业教育必须联系现实生活的土壤，唯有如此才能不断地发展壮大。而高校在进行创新创业教育时通常是自成一套体系的，放眼整个创新创业教育活动过程，从教育治理到落实流程，从教学活动到实践平台，整个庞杂的创新创业教育活动体系中鲜少出现生活实际的身影。联系生活实际程度最深的环节只有学生的实践环节，而教育治理环节无疑是与外界环境与现实社会联系最疏远的部分。

高校创新创业教育形成闭塞化治理的主要原因是治理主体缺乏多元性，以及治理主体信息化治理思维缺失造成的，互联网的出现使万事万物形成了有机的聚合整体，在信息化的背景下缺乏整体性与开放性的治理思维势必会为教育治理带来阻碍与困境。在教育信息化这一具有高度的开放性与民主性的大环境中，教育治理主体倘若始终保持结构单一化的特性势必会导致教育治理的开放程度大幅降低，并且无法获取多渠道的信息，导致创新创业教育治理呈现出封闭化、闭塞化的形态。创新创业教育与其他教育不同，必须以丰富的社会与市场信息作为生存与发展的根基，否则，创新创业教育便是盲目的、无效的。

当创新创业教育治理与社会大环境脱节，就意味着创新创业活动离开了赖以生存的社会环境的土壤，不仅没有办法蓬勃发展还会因营养的缺失造成"营养不良"。开放性是教育信息化时代属性之一，也是创新创业教育活动的核心属性，创新创业教育与社会脱节、与产业脱轨、与创新创业生态环境脱离会使得高校无法掌握一手的创新创业动态，也就无法准确把握社会市场需求，无法依据实际需要对创新创业教育进行顶层设计。长此以往不但会使创新创业教育活动丧失与外界进行有效交流的活力，并且会使其发展形态日益萎缩，最终无法为社会的进步与发展做出贡献。

造成高校封闭化发展的另一主要原因是高校没有积极参与到"互联网+"的大融合中去，对于"互联网+高校教育治理"的主动探索程度不够，没有在"互联网+高校教育治理"的整个过程中由被动变为主动。这就使得高校常常处于信息化与教育治理融合的劣势一方，只能被动地迎合二者融合发展带来的新改变，而不能主动掌控发展变化的形势与潮流。在教育信息化2.0的影响下，高校创新创业教育的治理必然要与互联网进行深度融合，只有深度融合才能不断生成教育治理新生态，才能发挥上层设计的最大力量。当今社会正在不断承受信息化与互联网带来的深度影响，信息化不仅改变了人们的生活方式更改变了社会产能形式，以互联网为大背景的创新创业活动的开展为社会注入了产能新活力，使得社会生产方式逐渐向信息化过渡。高校创新创业教育需要高度重视这一历史背景的影响，并敞开怀抱悦纳，主动开拓发展新渠道，将自己融入"互联网+"时代的发展浪潮中。

（三）借力"互联"，吸纳多元主体参与创新创业教育治理

创新创业教育治理作为整个教育活动的统筹与主导，在推进创新创业教育教学中发挥着重要的引领作用，封闭的治理会对创新创业教育的发展形成束缚，导致创新创业教育活动无法在真实的社会环境中自由地呼吸，从而也就丧失了生长的原动力。若想改善这一现状，就必须使高校创新创业教育与外界环境形成良好、高效的交流与互动，将创新创业教育活动通过"互联"这一手段移植到社会的肥沃土壤中，以此保证其健康、积极地发展。就治理层面而言，如何优化高校创新创业教育的顶层设计、如何发挥教育信息化优势、如何最大限度地吸纳外界资源供给教育活动，是提升高校创新创业教育治理开放性与服务性必须要思考的核心问题。

多元化是当今时代教育治理的内在之义，"多元"引领"共治"，"共治"逐渐发展成为"善治"，吸纳多元化主体融入教育治理是当代教育实现"好的治理"的主要途径。对于高校创新创业教育治理而言，多元主体的参与不仅可以为教育治理注入"新鲜血液"从而实现多元共治，还可以为创新创业教育带来不同领域内的各种信息，这些信息对高校创新创业教育与社会环境接轨具有重要的连接作用，换而言之，多元治理主体的出现为高校创新创业教育

提供了打开封闭大门的钥匙，使校门向社会敞开、创新创业活动在实际生活中扎根。

在信息时代之前，这种吸纳多元治理主体的设想是不容易实现的，因为高校创新创业教育治理的多元主体包括学校、企业、社会，而空间的限制导致多元主体难以聚在一起共商共量，在这样现实条件的限制下，教育治理体系吸纳多元主体的成本就显得巨大。但以互联网为代表的信息技术的出现使这一切成为可能，并且所需的成本价格大幅度降低，真正实现低成本的高效治理。发挥信息技术的优势以互联网为沟通与交流的桥梁可以破除空间的限制，使多元主体可以随时随地进行交流与探讨。这是互联网独一无二的功能，通过"扩散"与"结合"将一切具备连接点的人或物容纳至网络中，在这个无形的"大网"中，万事万物实现彼此联系、共同发展。

高校创新创业教育治理的核心主体是高等院校。高校是承载创新创业教育活动的主要场所，高校对创新创业教育活动具有治理直接性的特点，因此应当处在多元主体的核心位置。同理，高校应尽到多元治理主人翁的责任与义务，应当积极主动地建设信息化交流平台为多元主体提供讨论交流的场所，这种信息化交流平台应当是多样化并且功能性强的。可以但不限于智能软件、网络平台、互联空间等，无论选取哪种形式的信息化交流平台都应该遵循接入性原则、方便性原则及功能性原则。

接入性原则是信息化交流平台建设的主旨原则，这是由信息化交流平台的性质决定的，该平台的建设就是为了将不同空间内的多元治理主体联结在一起，而联结的前提就是要确保每个多元主体都能够接入该系统，否则联结便无从谈起。因此，交流平台的建设首先要考虑的就是接入性原则，要在技术层面与使用层面上进行充分的考量，以确保接入性原则的达成。

方便性原则体现的是对整个使用过程的关注，信息化交流平台的建设不一定要以高端、先进为建设要义，而是一定要注重多元主体的使用体验。使用体验决定着多元主体继续使用信息化交流平台的意愿强烈与否，也在一定程度上影响着多元主体的使用心情与表达状态。创新创业教育治理的多元主体具有复杂性与多样性的特点，这就意味着多元主体的素养水平是不同的，有些人信息化素养水平较高能够较为熟练地使用信息技术，有些人在信息化方面有些不足导致没有办法对较高端的技术进行操作。因此，方便的交流分享平台要求能够使所有的多元主体都能够熟练使用它，这不仅是对多元主体间进行良好讨论与交流的基础保障，也是维系交流平台稳定运行的重要前提。

功能性原则是对信息化交流平台在技术层面上的要求，即该平台必须具备完善而强大的功能，能够满足多元主体之间的多种交流需要。强大的功能性是支撑信息化交流平台长久存在的核心属性，一旦缺乏功能系统的支持，那么整个交流平台便会如一盘散沙一样一吹便散。功能性原则包含了多种技术方面的内容，例如消息传送、通话交流、视频研讨、文件保存、原型模拟，以及反馈空间等，这些技术中有些是构建交流平台的基础技术，如消息的传送与语音的交流，这些技术是保证交流平台能够实现基础联结的支撑。而有些技术如原型模拟及反馈空间等则是高水平高阶层的技术，这些技术可以使多元化主体在共同进行教育治理时能够充分结合已有的数据进行推算与演练，并且可以及时将实践的反馈结果进行收集与回流，从而实现高层次、高效率的创新创业教育治理。

企业参与是高校创新创业教育治理的特色化主体。之所以将多元化主体之一——企业，称作是特色化主体是由创新创业教育的特点决定的，创新创业教育的实施场所是校园，但是其生存与发展的土壤却是现实社会，这就意味着在高校实施创新创业教育活动时必须将社会因素考虑进来，将社会中的"土壤"移植到校园内，加深学生的体会与感受。随着教育的不断发展，其自由化与民主化的属性逐渐显露于大众的视野中，加上"终身学习"理念的催化使得人们纷纷呼吁"拆除"大学间的"围墙"，将大学与社会融为一体，消除二者之间的边界。人们的愿望是美好的，但是大学距离真正"拆除围墙"还有相当长的一个过程，因此如何使校外的有益资源走进校园，为教育教学提供能量是高校应当认真思考的问题。

在创新创业教育中，发挥教育信息化2.0时代的信息化与智能化优势，吸纳校外企业参与教育治理是一种获取市场信息的有效手段，不仅可以为创新创业教育活动注入创业现实的知识与经验，还可以打开创新创业教育的信息域，使整个教育活动富有开放性与动态性。信息化交流平台的建设可以为企业提供参与高校创新创业教育治理的广阔平台，在依托于信息技术构建的平台上企业可以充分实现参与教育治理、监督教育治理的诉求。通过共商共治，企业可以与学校建立良性的交流与沟通，企业基于现实性与创业性的眼光对高校的创新创业教育建设提出可供参考的意见，并以企业的角度对学校的创新创业教育提出新的期望。这样可以确保学校在对学生实施创新创业教育的过程中不偏离中心轨道，始终以社会需要为立足点、以促进社会发展为目的地来培养学生的创新创业素养。

社会团体参与高校创新创业教育治理体现的是"共治"的服务特性。从广义上来看，社会团体泛指为一定目的由一定人员组成的社会组织，大致可以分为营利性团体与非营利性团体，而作为多元主体参与到高校的创新创业教育治理中来的多半指后者，即非营利性团体。将非营利性的社会团体吸纳进高校创新创业教育治理中来主要目的是为了广泛听取社会上的声音，并且使创新创业教育更加有效地转化为社会生产动能。在对创新创业教育的内涵进行分析时我们说过，创新具有服务性，它从诞生伊始就承担着改造人类世界的任务，它为人的发展服务、为人的发展需求服务。而非营利性的社会团体所代表的就是人类社会的真实的发展需求，之所以说其真实，是因为这种社会团体排除了利益因素的干扰。对于社会上具有营利性质的团体而言，他们的需求往往被利益所捆绑，这些需求是服务于利益的，而不是服务于人类的，所以，往往那些非营利性的社会团体才会真正为人类的需求发声。

将非营利性的社会团体吸纳进高校创新创业教育治理，是为了更好地实现创新创业教育为人类服务这一价值取向。这些社会团体由于长期扎根于社会基层，因此往往掌握着真实性、时效性的信息资源，而这些信息资源将会为高等院校中的创新创业教育提供新的研究方向。对于创新创业教育而言，没有什么能比具备需求属性的时效性信息资源更具有研究与学习的价值，这些资源不仅可以指导创新创业教育，还可以成为创新创业教育实践的"苗圃"与"园地"。而高校如何获取这些社会团体手中掌握的信息资源，则需要在多元治理模式的主导下发挥信息化交流平台的优势，互联网具有飞速传递数据与保存数据的功能，通过互联网实现共商、共治是高校获取这些信息的不二手段，也是经济成本与人力成本耗费最少的手段。因此，积极挖掘教育信息化与高校创新创业教育的融合方式，打造便捷功能强大的网上信息交流平台是吸纳多元主体，共同参与创新创业教育治理的重要途径。

二、走协同化集成化发展之路，发挥智能优势搭建网络交流工作平台

如果说吸纳多元主体参与高校创新创业教育治理属于加强顶层设计，那么走协同化与集成化发展之路便是从教育治理的过程中入手，来为高校创新创业教育提质增效。协同化与集成化是两个不同的命题，协同化治理主要是就治理主体而言的，指多元治理主体在治理过程中被政府赋权，从而与政府一起参与教育治理。

在这样的运行机制下，政府不再是单纯的"划桨"角色，而是成为教育协同治理的掌舵人。[①]协同治理与政府分权是一种因果关系，政府向外分权与向下分权势必会导致多元教育治理主体的出现，而这些主体与政府共同参与教育治理就形成了协同治理的新模式。在高校创新创业教育治理中，将多元主体纳入教育治理体系是创新创业教育发展的需要，同时如何调配与平衡不同主体间的权力需要高校进行深入思考。协同化治理是随着教育治理主体多元化发展而逐渐形成的一种治理新模式，它强调在治理过程中对不同的治理主体进行权责分配，并且分清主次，在多元治理主体中选出核心主体，通过核心主体的调控与其他多元主体的协同合作来提升教育治理的效率与质量。

集成化治理是实现教育治理过程有序化与高效化的一种教育治理新形式。在传统治理模式下，主要以科层制开展各项工作，根据专业实现部门治理范畴的划分。[②]但是在面对信息时代中数据大爆炸的局面时，这种组织结构保守冗杂的科层体制会显露出诸多的弊端，如职能重叠拖慢执行效率、治理流程体系被割裂，以及信息传递速度缓慢等。而搭建网络工作平台可以借助信息化与大数据的力量改善这一现状，从而实现集成化治理、整体性治理。对于高校创新创业教育而言，由于创业领域信息过于繁杂与多样，使得教育治理必须找

寻一条兼备速度与质量的执行途径，这时信息技术便发挥了其显著的优势。依托于网络工作平台的集成化教育治理不仅可以大幅度降低治理成本的投入，还可以将"碎片化"的教育治理整合成为一个有机整体，使教育治理能够更加有效地为教育教学服务。

（一）权责分配不清及部门职能重叠，为高校创新创业教育治理带来困境

在我国高校中，负责创新创业教育治理的相关职能部门有许多，负责对学生实施创新创业教育的主体同样也具备多样化的特点。不仅学校行政处相关部门负责治理创新创业教育，而且高校还纷纷开设"大学生创新创业实践中心""大学生创客空间"等场所来实行对学生创新创业活动的治理，除此之外，各个学院的教学院长同样也承担起了对学生进行创新创业素养培养的责任与义务。在创新创业教学实施方面，缺乏系统化科学化的课程设置与创新创业师资储备，有些学校往往由辅导员老师担任本院学生的创新创业教学。这不仅导致学生无法接受到正规的、有价值的创新创业教育，并且对于其创新创业知识与素养、能力与水平的形成是十分不利的。

究其原因，无外乎是由于高校创新创业教育治理层面权责不清，以及执行过程中程序混乱造成的。随着开放化、民主化的治理意识不断向教育领域内渗透，高校的教育治理主体正在逐步由单一化向多元化转变，但是这一发展态势除了为高校的教育治理打开崭新的局面还给高校教育治理带来了的新的问题。对于高校创新创业教育治理而言，由于创新创业活动自身具有活泼性与多样性的特点，因此吸纳多元主体参与教育治理是必然的选择。但是在对治理主体进行权责分配时要注意进行有效、精密的设计，否则便会使各个管理部门出现职能重叠、效率低下、执行混乱的局面。高校的职能部门众多，如何对这些职能部门进行充分的整合使其更好地为创新创业教育服务是一个亟待解决的问题，对不同治理主体进行合理分配与充分调动，对不同层次的部门进行治理与整合，是保障高校创新创业教育治理决策在执行过程中能够快速而准确地抵达教学一线的主要途径。

（二）碎片化与多头化的教育治理割裂高校创新创业教学

在治理层权责不清及执行部门职能杂乱的现状下，高校创新创业教育治理呈现出体系混乱、执行过程碎片化，以及各部门之间出现治理壁垒的局面。当治理主体之间没有明确具体的权力与责任时，就会使整个治理体系混乱不堪，不同的治理主体都在充分地行使自己手中的权力，这些权力倘若同时进入同一片执行领域内便会产生矛盾与碰撞，从而为创新创业教育治理带来麻烦。当治理执行部门冗杂而混乱时，便难以实现"上传下达"的执行目标，冗杂的执行部门不仅难以形成精准、高效的执行体系，还会使教育治理的执行出现碎片化、重叠化的特点。当这些特点出现时，势必会对创新创业教学带来沉重的影响，甚至导致教学被割裂、被分化。除此之外，当教育治理分化严重时，会使不同的部门之间出现信息壁垒，不仅无法促进信息之间的有效交流，还会严重损害创新创业教育的整体利益。

高校创新创业教育治理应当形成一个完整精密的体系，各治理主体之间处理好权责关系，时刻谨记自己的义务与责任。将不同的执行部门进行有机整合，使其能够在同一时间内收到上层的消息，这样既可以避免任务的重叠，还可以促使各个部门之间进行良性的沟通，从而快速地将相关决策信息进行贯彻与落实。去碎片化、去分化是维系高校创新创业教育治理体系平稳运行的基础，也是对多元治理主体充分行使权责的有力保障，这就需要借助信息技术手段对其进行整合，以信息化为润滑剂，实现教育治理体系的高速运行。

（三）依托信息化搭建网络工作平台，实现协同化治理

协同化治理是针对教育治理多元主体而言的，所谓的协同治理即是指政府部门为了达成公共利益的目标，通过与非政府的、非营利的社会组织和普通公众合作开展社会管理活动的工作模式。协同治理的内在之义即是多元主体，它强调通过各个治理主体之间的共商与合作达成治理的最优化目标，协同治理体现的是人们对于平等性参与、民主化决策及自由化发展的渴望与诉求，是人类社会迈进信息化时代后，随着人们对社会顶层设计不断提出新的要求而出现的一种新型治理模式。协同治理并不仅仅存在于社会宏观治理层面中，它同样也存在于社会的各种子系统内，在作为社会重要子系统之一的教育领域内也能够发现协同治理存在的身影，并且随着教育信息化进程的推进，协同化治理作

为一种时代性治理模式被教育治理主体广泛地采纳并应用。

在高校创新创业教育治理中，多元主体参与其中是应然也是必然，多样化的治理主体参与其中不仅为创新创业教育治理打开新的发展局面，同时也对其提出了新的考验，那就是如何平衡不同治理主体之间的权力与责任、治理的范畴，以及如何加强多元治理主体之间的联系。只有处理好这些问题才能使多元治理主体在发挥其优势与作用的同时，更加系统化科学化地为创新创业教育服务，倘若在教育治理活动中没有厘清治理主体之间的关系，那么就会导致教育治理顶层设计出现混乱不堪的局面，从而直接影响教育教学活动的有序进行。而如何才能够有效加强多元治理主体之间的联系，如何合理分配其权责关系是值得研究者思考的问题。在互联网发展的背景下，我们可以寻求信息化手段的支持与帮助，发挥信息技术与智能化的优势，打造协同化治理的平台。

若想实现多元治理主体间的协同化治理，就必须了解协同治理的特点，这样才能选取正确的融合方法。协同最显著的特点是子系统间的相互合作，可以使系统产生微观层次所无法实现的新的系统结构和功能。[①]协同治理具有着同心协力的意味蕴藏在其中，在协同化教育治理的过程中，多元治理主体不仅仅是作为独立的治理个体出现的，他们同时还是一个有机系统中彼此联系、共同作用的主体。多元治理主体对于教育治理的作用也并非是单独呈现出来的，而是需要在集体中发挥作用，如果不采用协同治理的模式，那么不同的治理主体就容易各自为营，使教育治理体系呈现出被割裂的局面。因此，若想加强不同治理主体间的有效联系，实现多元治理主体的共商共治，就需要借助某一手段为多元治理主体提供信息分享与交流的平台。协同化治理这一需求恰好可以通过信息化手段来满足，以互联网为主体的信息化手段可以为协同化治理提供稳定、高效的交流平台，以此加强多元主体间的交流与共治。

互联网不仅可以凭借自身的智能化与信息化优势为多元治理主体打造便捷、稳定的交流平台，还可以发挥自身的数据保存与传输优势，迅速地将丰富的信息进行收集与呈现，在保证传输速度的同时还可以保证信息的时效性。因此，利用互联网建设网络工作平台可以保证多元主体均可以参与进来，在互联

---

① 范如国. 复杂网络结构范型下的社会治理协同创新 [J]. 中国社会科学, 2014 (4): 98–120; 206.

网搭建的虚拟空间中共同商量教育治理策略。尤其是对于高校创新创业教育治理而言，由于其涉及的领域过于宽泛，社会上生产生活的任何领域都可以融入创新创业教育中，这不仅导致了创新创业教学活动体现出复杂性的一面，并且也对教育治理提出了更加精细的要求。创新创业教育治理的主体既有学校又有企业、既有创业者又有非营利性的社会团体，治理主体的复杂性与多样性决定了必须借助一个高效平稳的交流平台才能实现协同化治理。同时，创新创业教育治理要求治理者必须具备信息资源的搜集能力与整合能力，创新创业活动的特殊性决定了教育治理者必须能够掌握社会上创新创业活动的时效性信息，唯有如此才能够对创新创业教育活动进行指导与治理。

建设网上工作空间可以充分满足协同化治理的诉求，一方面，它可以为多元治理主体提供联系与交流的渠道，并且通过网络工作空间共享实现公开、透明、民主的权责分配；另一方面，它可以在不同的治理主体间快速传递重要信息，完全确保信息的时效性。在互联网的牵引与支持下，高校创新创业教育治理可以收获"1+1＞2"的治理效果，互联网的渗透性、整合性与发散性不仅仅是单纯地连接多元治理主体这么简单，还可以发挥消息的汇总与分析、职能的分配与整合、决策的发布与传递，以及效果的深化与追踪等作用，这就使得高校创新创业治理主体可以在充分发挥自身的力量的同时形成更加强大的合力，推动教育治理蓬勃发展。网上工作空间的搭建需要在满足不同治理主体需求的同时，致力于为治理主体建立和谐交流的协同化工作平台，互联网工作平台的黏合程度在一定意义上决定着多元治理主体的协同化程度，因此在对网络工作空间进行建构时不仅要注重技术手段的支撑，更要关注其理念与文化的构建，将硬件设施与软文化进行充分结合，全方位建设服务于高校创新创业教育治理的互联网工作空间。

（四）将人工智能融入执行体系，实现高校创新创业教育扁平化治理

在高校创新创业教育治理中，决策执行部门的运行方式也是决定着创新创业教育治理是否能够达到高效有序的水平的重要因素之一。高校的治理层级是十分复杂的，从多元化治理主体制订相关决策再到一线教学活动的开展，这中间需要经过许多流程，而每一项流程往往又会牵扯一个或者数个有关部门，这就使得创新创业教育治理执行体系十分的庞大且复杂。除此之外，创新创业教育活动中牵涉的群体也是十分复杂多样的，就创新创业教育教学活动而言，不仅有学生和专门负责创新创业教育的教师参与教学活动，学院的辅导员教师、校外的企业代表甚至是相关行业内的成功人士都可以参与到其中。更不用说创新创业教育实践活动了，该学科的性质注定它具有高度的现实性与实践性，而实践的空间又不仅仅局限于校园中，学生往往会走出校门到社会中去参观与体验，这就使得创新创业教育环境变得更加复杂，同时也意味着教育治理需要建立更加完善的治理体系来应对日益开放与多元局面的形成。

当教育治理中的执行部门越多，其相关决策的执行速度往往会被拖慢，这不仅会严重影响教育治理的效能，还会对创新创业教学活动带来损害。近些年来，伴随着共同治理一起出现的还有扁平化治理，采取扁平化治理的模式可以对冗杂的执行部门进行裁剪，使教育决策能够更加直接、迅速地传递到教学一线，从而减少中间流程过多带来的损耗。随着教育信息化2.0与高校创新创业教育的融合日益加深，挖掘教育信息化2.0的有效资源为创新创业教育治理所用可以应对目前的一些治理难题。教育信息化2.0时代是建立在互联网、智能化与大数据之上的教育新时代，这些特性会为教育治理注入"新鲜血液"，充分借助智能化手段与力量可以重塑教育治理执行体系的形态，从而实现高校创新创业教育治理的扁平化模式及集成化发展。

发挥教育信息化2.0的优势构建智能化的执行体系可以为教育治理提速提质，一方面，智能化执行体系可以加速上层信息的向下传递，提升教育决策执行速度；另一方面，它可以充分发挥其包容性与开放性的特点将所有相关部门吸纳进同一体系中，将碎片化治理改为集成化治理。在对创新创业教育进行治理时，高校可以自主研发或者引进智能技术系统来加持执行体系的运行。首先，高校可以深入挖掘人工智能领域，用人工智能来代替某些部门完成工作，或者直接用人工智能取代某些部门的地位，将人从重叠的事务中解放出来去从事更加需要创新与建构的工作中去。高校创新创业教育治理中的执行部门数量过多会在拖慢教育决策传递与执行的速度的同时造成职能的重叠，这就意味着某些执行部门不仅需要处理繁杂的信息，还要处理许多重复的信息，从而使不同部门的工作任务出现重叠的情况。高校的创新创业教育体系需要处理的信息量要远多于其他教育体系，因此，利用智能化技术改善这种局面并将人从海量的信息中拯救出来是提升执行速度的有效措施。

人工智能是信息技术发展的必然产物，其本质是人类在数据处理的基础上创造的一种复杂数学函数，面对复杂的人类社会信息输入，可以瞬时响应并能进行自我判断，以致模仿出人类的行为甚至具有自我意识。将人工智能投入教育治理中可以将人类从某些无意义的事务中解脱出来，从而解放劳动力使其投入到更有价值的生产中去。人工智能融入教育治理的执行体系可以对信息进行简化与集成化的处理，人工智能的运算与计算机是相似的，它们可以对输入进来的庞杂数据进行快速地分析与输出，这样便极大地提升了执行部门的工作效率。通过这种方式可以在不削减层次结构的同时，使创新创业教育治理体系向扁平化治理模式靠拢，人工智能帮助人类消解了大量的信息并且从中提取出了精华内容输出给人类，这样的操作可以使整个执行体系变得更富系统性与整体性。

（五）发挥群体智能的优势，实现执行部门的集成化治理

随着信息社会的不断发展，人类社会正在承受着信息大爆炸带来的影响，信息化、大数据打开了人类新世界的大门，这个新世界更具开放性与多元性的特点。互联网的出现使个体之间的联系从未如此紧密过，并且在信息化大背景下有许多事务需要个体之间通过合作来完成，这就驱使单体智能逐渐向群体智能方向发展。所谓的群体智能则是由于单个个体难以完成复杂的任务，如果通过大量个体组成的群体协同而完成，则表现出群体智能。[①]在高校创新创业教育治理中，由于各执行部门分化严重导致教育治理呈现出碎片化的特点。碎片化的治理现状不仅会严重拖慢决策实施效率，并且还会割裂教育治理，使教育治理体系变得支离破碎。执行部门对上层决策的落实倘若呈现出碎片化的局面，就容易造成各部门之间联系变弱、缺乏交流的情况，而这形式显然与教育信息化的发展要求不符，同时也会对教育治理产生消极的影响。而创设信息化工作平台可以有效解决这一治理尴尬局面，信息化工作平台具备开放性与包容性的优势，它可以将所有的执行部门都吸纳进平台体系中，并通过自身的运行形成一套规律性的运行体系。在这个运行体系中，各个执行部门可以随时随

---

① 南旭光, 张培. 智能化时代我国高等教育治理变革研究 [J]. 中国电化教育, 2018 (6)：1-7.

地进行沟通与交流，可以及时协同处理信息，从而实现由"部门单体智能"向"体系群体智能"的转变。这一智能化工作体系不仅将分散的部门联系了起来，并且还以将合作与共享作为"黏合剂"将原本碎片化的治理体系进行整合，从而实现集成化的治理新模式。

三、转变教育决策模式，发挥大数据作用形成"依数治理"

教育决策是教育治理的顶层设计，也是决定教育治理质量走向的主要因素。教育决策是指为实现预定的教育目标，采用科学的理论和方法，从多种预选方案中选择一个最佳行动方案或就一种方案所做出的决定。教育决策形成的过程是一个充满着甄别、比较、讨论、设想、模拟的反复思考的过程，教育决策是由治理主体共同敲定的，它反映着治理主体的智慧与思想。随着教育信息化进程的推进，教育在理论建设与实践检验的过程中积攒了许多的数据信息，而这些数据信息也许从表面上看起来是无甚要紧的，但是实际却蕴涵着丰富的信息，这些信息可以在经过收集与计算后为人类的教育活动提供指导。由于这些信息数目过于庞大，需要先进的计算机技术才能对其进行计算，因此，我们通常称它们为——大数据。

大数据不仅可以将实践结果信息进行收集与运算，还可以帮助人类发现蕴藏在这些数据内十分有价值的信息。这些信息不仅可以反馈出实践活动中的一些问题，并且还能够为治理者提供科学的决策依据，随着信息化的不断深化发展，大数据呈现出爆炸增长的态势，人类的各项活动中都频繁出现大数据的身影，大数据对人类的影响从未如此深刻。大数据可以帮助人类收集实践活动中的各种信息，并且通过对这些信息的计算得出隐藏在其中的某些规律，从而帮助人们发现实践中的问题与不足，并且根据大数据的计算结果进行更新与改正。因此，在当今社会中大数据技术成为推动各级各类组织机构决策方式和治理模式变革创新的新利器。[①]大数据是在实践活动中产生的，但是它却对治理层面有着更大的作用，尤其对于高校创新创业教育治理来说，大数据技术为教

---

① 于方,刘延申. 大数据画像——实现高等教育"依数治理"的有效路径[J]. 江苏高教, 2019（3）: 50–57.

育治理决策的制订提供了更精准的数据依据，^①使得教育决策更具科学性与严谨性。

（一）传统教育决策与大数据支持下的现代教育决策的对比

这里的传统教育决策指的是在信息化出现以前的教育治理决策，由于获取信息资源的手段有限，传统教育决策呈现出片面化、封闭化、僵硬化的特点。片面化指的是传统教育决策不具备开展全面而广泛的调查与研究，无法获取整体而全面的信息，进而导致教育决策制定依据过于狭隘与偏窄，决策的适用范围不广，只适合在某个学校或者某一地区进行推广与试行。封闭化则体现出教育决策与外界联系较少，教育作为社会子系统中的一员，其培养对象是人，而人需要在现实社会环境中进行生活，这就意味着教育必须多与教育体系以外的环境进行良性的沟通与交流。但是在人类社会步入信息化时代之前，时空限制了这种有益交流的频率，这就使得管理者在制订教育决策时不能充分考虑社会各个层面的需求，其眼界与视角始终停留在学校范围内，在这样的条件下制订出来的教育决策自然而然地带有了封闭性的特点。僵硬化是指教育决策从制订到实施需要经过一系列的复杂过程，而这些复杂的过程需要花费大量的时间，在实施之前的时间里，外界环境可能发生了巨大的变化，这就使得教育决策的时效性大幅度地降低。而由于信息获取手段的限制，教育管理者往往对于这些变化的反应是较为迟钝的，以致于不能做到对教育决策进行及时性的修改，导致教育决策在往下推行的过程中出现与现实情况适应性差的问题，从而体现出教育决策僵硬化的特点。

而有了大数据支持制订的教育决策则更多地体现出科学化、开放化及动态化的特点。大数据的出现使得一切的实践活动都具备了价值意义，无论这些实践活动成功与否，它们集合而成的大数据可以通过一系列的计算与分析为人类提供非常有价值的指导信息。大数据是随着互联网与云计算的飞速发展而出现的，互联网互联的特性为大数据的收集提供了最佳的传导平台，而云计算的强大运算功能则为大数据的计算与分析提供了强有力的手段工具。有了大数据的支持，一切的教育活动都将有迹可循，而在治理者制定某些教育政策时，从

---

① 朱明霞. 依托教育信息化促进教育治理水平的提高 [J]. 教育现代化, 2019, 6（81）: 327–328.

大数据中剥离出来的价值信息可以为政策的制订提供科学、客观的事实依据。这种科学性与客观性的事实依据与传统政策制定中使用的调查法、测量法大有不同，后者只能面向一定数量的群体，而大数据却可以将有关的数据进行集中整合，对相关实践活动进行面面俱到地剖析。基于大数据制定的教育政策具有强烈的科学性与客观性的特点，它是对现实进行纯客观地分析，这就使得教育决策的适用范围变得更加的广泛与全面。

开放化特点是在"互联网+"的背景下体现出来的，大数据的收集与传导离不开互联网的支持与发展，随着"互联网+"大时代的来临，互联网"扩散"与"结合"的特性被发挥得淋漓尽致。这使得大数据的收集成为可能，并且互联网在不断地以自身的力量来促进大数据的发展与完善。在这一大环境下，教育决策的制订体现出了前所未有的开放性特点，教育治理者可以借助大数据这个间接手段将眼光与视角投向广阔的现实空间，以开放性的胸襟接纳丰富多彩的信息资源。基于此制订出来的教育决策不仅能够破除教育与社会其他领域的边界，使得教育政策与教育活动能够更好地为社会生产生活服务，同时还能够大幅提升教育决策的生存能力，使其能够在现实的土壤中生根发芽。

之所以认为大数据支撑下的教育决策具备动态化的特点，是因为动态性与生成性是大数据的基本属性。大数据从出现伊始就注定了它绝非是静止的，而是十分活泼与灵动的，因为它负责收集相关领域内的一切信息，而在当今社会高速发展的情况下，信息的更新速度十分快，这就要求大数据收集设备必须持续跟进并且及时向主计算机反馈相关信息数据。整个过程充满了动态性与生成性，同时，这些特性也会影响着教育决策的制订，利用大数据可以实现数据信息的动态发展与及时反馈，整个制订过程是以动态的形式进行的。而动态化的教育决策的制订不仅可以使教育治理者根据大数据反馈的信息及时调整决策内容，并且还可以大幅增加教育政策的活性，使其变得更加贴合实际需要。

经过上述讨论我们不难看出，依托于大数据制订的教育决策相较于传统的教育决策更具生命力与发展力。大数据是扎根现实并反映现实的有力工具，以大数据提供的价值信息为基础制订的教育决策往往更具说服力与生命力。传统制订模式下形成的教育决策通常只在某一特定的领域内才能发挥其作用，但是大数据的加持使得教育决策能够植根于深厚的生活土壤，从而使得其在执行的过程中更具现实生命力。除此以外，以大数据为依托制订的教育决策比传统的教育决策更加具有发展潜能，因为它体现出来的是动态化的实行特点。有了大数据的支持，教育决策在实行的过程中可以随时随地根据现实情况的变化进行自身的调整，使自己能够更好地服务于社会、服务于人的发展。这也就意味着以大数据为依托的教育决策有着广阔的发展空间，因为运动性是事物的基本属性，而大数据可以随时监测并反映出事物变化的本质，从而为教育决策的修正提供十分有价值的信息资源，以此促进教育决策的持续性发展。

（二）高校创新创业教育决策缺乏大数据指导的后果

随着信息化社会的不断发展，人们对社会治理的关注程度与参与性直线提升，信息化手段也为社会治理做出了巨大的贡献，其中以大数据为最。大数据参与社会治理不仅受到社会各界的广泛关注，国家层面出台的相应政策中也明确地指出要"将大数据作为提升治理能力的重要手段。"[①]究其原因，大数据能够为治理主体提供丰富而有价值的现实信息，并且可以随时以动态化的方式对信息进行监测，从而确保治理决策的时效性与适用性。由于大数据在社会治理方面具备巨大的优势，因此社会的各个领域内都纷纷引入大数据技术，并期望将大数据转变为实现现代化治理的驱动力。在高校创新创业教育领域内引入大数据技术并使大数据为教育治理服务是十分必要的，这不仅仅是创新创业教育活动自身的特点使然，同时也是高校创新创业教育加深与信息化融合的体现。

高校创新创业教育有着自身的特性，其中包括社会实践性、需求服务性及动态发展性。社会实践性是指创新创业教育不仅仅是发生在校园里的教育，它更是面向社会、面向实际生活的教育，因为创新创业活动需要在社会大环境中进行，这就为创新创业教育活动赋予了社会实践的属性。而需求服务性是就创新创业教育活动的目的而言的，高校的创新创业教育不仅仅要培养具备创新素养，以及创业知识与能力的人才，更要以社会需求与人民需求为出发点来规划创新创业教育活动的目的。在当今时代，创新创业早已成为推动社会发展的

---

① 国务院关于印发促进大数据发展行动纲要的通知（国发〔2015〕5号）〔Z/OL〕.（2015-09-05）〔2021-07-11〕. http://www.gov.cn/zhengce/content/2015/09/05/content-10137.htm.

主要动力源，因此，创新创业教育也就自然而然地具备了需求服务的属性。动态发展性是指创新创业教育始终处在动态的发展之中，因为创新创业教育要想培养出社会需要的创新创业人才就必须时刻保持与社会接轨。社会中事物的发展与变化会为创新创业教育活动带来影响和冲击，这就要求创新创业教育不断调整自身结构以适应社会的发展，动态发展性便由此显现出来了。

正是因为高校创新创业教育具备着上述的特性，所以将大数据技术融入高校创新创业教育治理中，使其为教育决策的制订而服务就显得十分必要了。高校创新创业教育的现实性、服务性，以及动态性要求治理主体在制订教育决策时必须做到全面、客观，制订的教育决策必须能够适应社会发展土壤的同时能够实现动态化发展。若想达到这样的决策制订目标就必须以丰富的、大量的信息资源作为支持，同时必须具有能够快速获取信息的渠道手段及反馈机制，这一切都与大数据息息相关，倘若高校创新创业教育治理脱离了大数据的支撑，那么便会使制订出来的教育决策难以满足现代社会的需要。

缺乏大数据的支撑使高校创新创业教育治理与社会脱节。高校创新创业教育是面向社会的教育、面向实际的教育、面向现实的教育，因为它的核心目标是通过培养具备创新创业素养与品质的人才，将创新转变为社会生产的驱动力，从而推动社会的发展。因此脱离了社会现实就会使得创新创业教育活动如离开了土壤的幼苗一样，不仅无法继续成长还会逐渐枯萎直至丧失生命力。而如何才能加强创新创业教育治理与现实社会的联系，就需要借助"大数据"这一信息传递渠道使高校创新创业教育治理主体快速获取相关领域的大量有价值的信息。倘若大数据技术没有被充分使用与挖掘，那么创新创业教育治理主体的思维便会停留在一个固定的区间，甚至会日益窄化。由这样的狭隘化思维所制订出来的教育决策是与现实社会脱节的，在这样的决策下实施的教育教学不仅无法为社会培养所需的创新创业人才，还会为创新创业教育，以及社会发展带来无法逆转的伤害。因为社会是在不断地向前发展的，一次的脱节便会使得创新创业教育难以追赶上社会发展的步伐，从而成为时代的弃物。

缺乏大数据的支撑使高校创新创业教育决策在执行的过程中变得盲目与僵化。高校创新创业教育具有高度的实践特性，因此在制订相关教育决策时治理主体必须时刻关注决策与现实生活融合的效果，并随时做好方向调整与适当修改的准备。这就使得治理主体必须具备监测决策实施动态的系统，并且能够通过对实施动态的监测得出相关的数据，而后从数据中分离出有价值的信息。高校创新创业教育治理的这种需求恰好可以被大数据所满足，大数据可以为治理主体观测教育决策的实施效果并提供有价值的现实数据。倘若教育治理主体没有意识到大数据技术的重要性作用，没有发挥大数据的优势进行决策实施监控的话，就会使得整个决策实施流程显露出盲目与僵化的缺点。教育决策在实施的过程中势必会与现实情况结合反映出其自身的优势抑或是问题，而这种优势或者问题倘若没有被及时地传递给教育治理主体，那么便会使决策无法得到相应的改正。在这种情况下，纵使教育决策出现了与生活实际不适用的情况，也无法得到及时地止损，教育决策在实行的过程中变得愈加的盲目与僵化，这不仅背离了教育决策的初衷，还会为教育教学带来消极的影响。

　　缺乏大数据的支撑使高校创新创业教育决策与教育信息化理念背道而驰。随着我国进入教育信息化2.0时代，社会对于教育提出了新的要求，即教育要为社会建设培养具备深厚信息化素养的人才。信息化素养包含了信息化思维、信息技术的使用能力、创新思维及合作思维等，培养学生使其具备深厚的信息化素养已经成了不同层次教育的重要使命。对于高校创新创业教育而言，教育决策是整个教育治理体系的核心与关键，它关乎整个治理体系，以及教育学活动的运行，它不仅为教育教学指明了出发点更指明了归宿。倘若教育决策没有吸纳信息化的养分依旧是走传统的治理路线，那么就会使高校创新创业教育决策与教育信息化背道而驰，将大数据排斥在教育治理之外，便无法为教育决策赋予开放与智能的属性，也就无法使教育决策具备信息化的特质。

（三）高校创新创业教育"依数治理"的具体过程

　　在厘清了大数据对于高校创新创业教育的重要性意义后，如何在高校创新创业领域内开展"依数治理"就成了亟待解决的问题。其治理流程遵循数据治理的一般流程，主要包括："数据获取与整合""数据处理与分析"和"数据解释与预测"三个阶段。[①]这三个阶段彼此结合、共同作用，为以大数据为依托的教育治理而服务。

---

① 许晓东,王锦华,卞良,等.高等教育的数据治理研究[J].高等工程教育研究,2015(5)：25-30.

　　"数据获取与整合"是运用大数据技术实施教育治理的第一步也是最基础的一步。若想获得有效的数据就必须善于对教育场景进行选择，在高校创新创业教育中，数据主要来源于以下几个教育场景：创新创业教育课堂、创新创业主题活动及创新创业模拟实践等。这些场景构成了创新创业教育的主要内容，在这些教育场景内发生的活动及其产生的数据会为创新创业教育治理带来极有价值的参考意义。

　　创新创业课堂是整个创新创业教育活动的基础，是创新创业教育活动赖以生存的空间。参与创新创业课堂的个体包括教师、学生及相关企业人员，创新创业教育课堂是在多元主体的参与下开展教与学的双边活动的。创新创业课堂中蕴藏着丰富的大数据资源，教师的教学方法、学生的反应态度、企业人员的参与程度、课堂的开放程度、教育信息化技术的使用等等，教育治理主体完全可以对创新创业课堂实施监管与测量，从这些内容入手得到一手的教学反馈信息，并且根据有效的教学反馈对教育治理决策进行修正与补充。创新创业主题活动指的是各种以创新创业教育为内涵基础，在此之上开展的相关主题活动。

　　创新创业主题活动是对创新创业课堂的一种延伸，它与课堂教学一起形成了内涵丰富、形式多样的创新创业教育教学体系。这些主题活动可以拓展学生的眼界与思维，促使其深入感受与理解创新创业教育内容，并且可以通过活动目的设计来检验学生对相关学习内容的掌握程度。创新创业主题活动可以在一定程度上反映出学生的创新创业素养，通过对主题活动数据的收集与整合，可以帮助教育治理主体获取关于学生素养现状的丰富的资料，并在制订教育决策时从学生的需要的角度出发，合理进行规划与设计。

　　创新创业实践活动检验的是学生的实践操作能力，创新创业教育终究要落实到实际生活中，这是由创新创业活动的自身属性决定的。对于创新创业教育而言，理论教学与模拟实践二者缺一不可，前者丰富的是知识与素养的储备，而后者则丰富了实践的经验、提升了操作能力。创新创业模拟实践包括创业模型设计、市场期望值计算及参加企业实践等，这些活动可以反映出学生的创新创业综合实践能力，它是对在课堂上学到的知识的一种升华，是学生深入感知创新创业活动的重要途径。通过对学生在模拟实践中的表现的监测可以得到十分丰富的数据信息，这些数据信息不仅涵盖了创业市场，同时也在一定程度上折射出了学生的创新创业实践水平，对这些数据信息进行采集与整合可以使教育治理主体了解市场与学生的双重需求，从而制订更符合现实需要的教育决策。

"数据处理与分析"是"依数治理"过程中的第二个步骤，同时也是整个处理流程中最为关键的一步。对数据进行处理与分析是形成数据结果的重要途径，也是大数据最终形成有价值的反馈信息不可或缺的一步。"数据处理与分析"即是指数据在经过采集和整合之后，需要按照一定的规则对数据进行编码、去重、清洗等预处理操作，以便后期进行教育数据挖掘。①大数据之所以被称之为大数据有一个十分直接的原因，即大数据的数据体系过于庞大和复杂，数据量大、数据类别丰富是大数据的重要特征。在对高校创新创业教育领域的大数据资源进行收集与整理时，我们不难发现这些数据涉及范围之广、密集程度之高、资源数量之大都是普通的数据难以比拟的。而如何对搜集到的庞杂的数据体系进行科学化、高效率的处理便成为将大数据转变为治理决策重要事实依据的核心问题，任何实践活动的有序进行都需要讲求方式方法，对大数据的有效处理更是如此，恰当的处理手段能够实现对大数据信息的最大化利用，否则数据处理与分析便不能有效发挥对数据的挖掘作用。

"数据解释与预测"是高校创新创业教育"依数治理"的结尾环节，也是对大数据中隐藏的有效信息进行价值提取的环节。在经过对数据进行收集与整理、运算与分析后，大数据中的信息受到了彻底的清洗与过滤，由最初的海量信息资源浓缩为一条或者数条含金量极高的价值信息。这些信息是整个大数据信息库的精华所在，也是能够直接为教育治理提供价值性指向的重要内容。通过对这些信息进行解释与预测，高校创新创业教育治理主体不仅可以观测到创新创业教育目前的发展形势，还可以通过已有的数据预测未来发展的走向，为教育决策的制订提供了极大的借鉴意义。

对数据进行解释与预测可以全景展示创新创业教育的发展轨迹，帮助教

---

① 于方，刘延申. 大数据画像——实现高等教育"依数治理"的有效路径[J]. 江苏高教，2019（3）：50-57.

育治理主体回顾教育活动的发展历程。通过对创新创业教育的回顾与总结，不仅可以挖掘整个发展过程中存在的问题，还可以及时修正某些不足之处，将创新创业教育牵引到健康高速的发展轨道上来。高校创新创业教育涉及的主体不仅囊括教师与学生，还同时包括了校外的许多企业与相关部门，处理好这些主体之间的关系也是创新创业教育治理者应当完成的重要任务。而这些主体之间的关系十分的错综复杂，借助大数据技术呈现出来的全景发展轨迹可以帮助治理者找到各个主体之间的交汇点，并通过制订相关决策的方式来推动这些交汇点扩大化、良性化发展。全景发展轨迹还可以帮助教育治理主体预测创新创业教育的未来发展，这就使得教育治理主体可以提前针对未来可能出现的一些情况制订相关预防性决策，做到教育治理的未雨绸缪。

（四）以数据化决策引领现代化教育治理

数据化决策是高校创新创业教育治理现代化的提现，也是高校实行"共治"与"善治"的手段之一。数据化决策对创新创业教育治理的影响是巨大的，它可以赋予教育治理以科学性与动态性，从而保证创新创业教育活动能够在正确的轨道上运行。而如何使教育治理实现数据化决策则需要从分配治理层级，以及建设大数据平台入手，在保证充分获取大数据资源的前提下实现对已有的信息进行有效的解读。

首先，高校应当对"依数治理"的层次进行合理地划分，通过合理的分配不仅可以帮助各级主体明确自己的责任与义务，还可以实现对大数据信息进行高效、准确的收集。高等教育的实际运行主体是学校、院系和师生，[①]在高校创新创业教育中，学校负责统筹设计，制订创新创业教育发展的方向与目标，合理安排创新创业教学活动。院系是整个治理体系中最庞大的主体，也是核心主体，因为院系直接承担着安排一线教育教学活动的重大任务，不仅要负责对教育教学进行日常管理，同时还要积极关注教育教学活动的进展，以及对教学领域进行积极的挖掘探索与创新。师生则是整个治理体系中的基层主体，双方以直接参与创新创业教学活动的方式参与到治理体系中来。

---

① 于方，刘延申. 大数据画像——实现高等教育"依数治理"的有效路径［J］. 江苏高教，2019（3）：50-57.

基于此，我们可以将治理层次分为顶层、中层与基层。顶层是学校，中层是院系，基层则是师生。对"依数治理"体系进行清晰的层次划分有助于建立良性互联的治理系统，并且能够根据不同层级的负责领域对大数据进行全面而高效地收集。作为顶层的学校在日常治理工作中可以收集与教务管理、人力资源、财务分配等相关内容的数据，这是学校作为顶层治理层次的优势体现，也是学校日常工作性质所致。这些数据资源蕴藏在学校琐碎的日常工作中，需要治理主体具备敏锐的眼光并且善于借助大数据平台，收集工作中产生的数据，这些数据对于教育决策的制订起到了重要的指导作用。而作为中层治理主体的院系更容易收集到与教学管理、教育教学活动日常运行，以及创新创业教育专业发展的数据，院系最主要的任务就是对教育教学活动进行直接地管理，因此院系层级可以在第一时间内获取教育教学活动所产生的各种信息。这些信息在教学日常中不断进行积累，从而形成来自教学一线的珍贵数据，在经过运算与分析平台的处理后，这些大数据将对教学改革形成宝贵的助力。师生是整个治理体系中的基层，也是各种数据的主要来源与诞生地。师生在进行教与学的双边活动时，可以收集到与教学评价和学生管理相关的数据，这些数据最能够真实反映出学生的实际需要，不仅可以为创新创业教育发展提供助力，也是制订教学决策时不可或缺的一部分。

其次，高校也应当注重对硬件与软件设施进行建设，高等教育"依数治理"的物理实现基础是教育大数据平台。[①]倘若缺乏这一基础设施，那么之前的所有设想都只能是"纸上谈兵"，教育大数据平台的建立使对创新创业教育过程中出现的所有数据的收集成为可能。因此，高校不仅要关注大数据为教育治理提供的价值性数据，更要关注大数据平台的建设，这也是一切开始的基础。在对大数据平台进行建设时，高校要注意完整的大数据平台应当具备三个基础的模块。第一个模块是对数据信息的自动化识别、录入与存储，这是大数据平台的基本功能，这一功能的缺失与不足会直接影响大数据平台的运行。第二个模块是对存储的信息进行运算与分析，这是对大数据的处理过程，能否从

---

① 于方, 刘延申. 大数据画像——实现高等教育"依数治理"的有效路径 [J]. 江苏高教, 2019 (3)：50-57.

庞杂的数据体系中挖掘到有价值的信息全依凭于信息处理系统的强大与否。第三个模块是有效信息的输出与呈现，当所有信息完成了初步清洗与复杂的计算后，价值信息会被从终端输出，完成了"从教育中来到教育中去"的完整历程，整个大数据分析的过程至此结束，经过"大浪淘沙"留下的信息将会对教育教学产生重要的指导作用。

第五章　高校创新创业教育与教育信息化2.0时代融合发展思路

高校开展创新创业教育，已经成为目前各大高校培养新时代的高素质人才过程中最为重要的一个教育模式。在教育信息化2.0时代下，现代科学技术的发展，为高校的创新创业教育打下了坚实的基础。在这一过程中，实现高校创新创业教育与教育信息化2.0时代的融合，就成为目前教育工作者所需要注意的一项重要问题，通过将教育信息化2.0时代下的技术应用在高校创新创业教育中，为高校开展创新创业教育提供一个具有现代化科学技术的平台，能够为国家和社会培养出全方位，高素质的复合型人才。

第一节　突出教育信息化2.0时代顶层设计引导创新创业教育

改革开放以来，我国的教育事业也获得了一个前所未有的发展空间。在这一时代背景下，教育信息化也提上了改革的日程。与教育信息化1.0时期不同，在《教育信息化2.0行动计划》中，明确加快信息时代的教育变革这一重要目标的提出，标志着教育信息化2.0的建设成为目前国家发展的主要目标之一。我国的教育事业在教育信息化的过程中，也面临着前所未有的挑战。教育和信息技术相结合，成为目前教育信息化发展的重要一环。教育作为"百年树人"的工程，对我国的发展起到了至关重要的作用，教育信息化的发展，成为我国教育事业发展的关键所在。从技术角度分析，将教育和大数据、智能技术等现代科技相结合，使得我国的教育资源为更多人所应用，可以促进学生扩展自己的知识迁移能力，使得学生能够适应整个国民经济发展的需求，这也是教育信息化2.0时代所要完成的任务。

当今时代，教育信息化的发展已不可阻挡。在开展教学的工作中，教学工作者可以将教育信息化的成果应用到课堂上，并且引导学生将自己所学到的技能应用到创新创业的潮流中，高校也应当在这一过程中，不断发挥教育信息化2.0技术在创新创业中的应用，使得学生的创新创业能力得到充分的提升，这样既有利于提升学生整体的素质，也可以让教师在教学过程中不断更新自己的教学方式，使教育信息化2.0能够对创新创业教育起到至关重要的作用。

一、课堂建设在教育信息化2.0时代中的具体应用

课堂建设在教育信息化的建设过程中起到了至关重要的作用，教师在提升自己的教学水平同时，也要对课堂的建设予以重视。通过大数据、云计算等先进的技术，在课堂上对学生创新创业的学习过程进行记录，并且对学生的学习情况进行预估和分析。让学生充分地发挥自己的主观能动性，积极地投入创新创业的工作中。教师在开展课堂建设的过程中，要积极引导学生树立创新创业的意识，让学生创建一个属于自己的学习空间，在智能时代下完成学习任务，而教师可以通过智慧教学的方式来对教学成果进行预测。

教师通过智慧教学的方式展开课堂建设之后，也要在日常的课程建设中，不断地总结经验，学生在课堂上可以循序渐进地参与到创新创业教育中来，以便于能够更好地实现自己创新创业的目标。

教师在进行课程设计时，可以通过覆盖度较高的通信网络，以及各种各样的自媒体平台，来促使学生自主参与到创新创业教育的过程中，并且采用开放式教学的方式，可以打破时空的限制，在开展创新创业的学习中获取创新创业的知识。要求教师对教学方法、教学媒体的选择加以把控。在教学的过程中要适当地向学生进行发问，引导学生树立创新创业的思维，让学生能够将创新创业的思想应用到实践中来。

迈向信息时代，教育发展受到多方影响，仅仅通过课堂上的教学已经不能够满足学生在创新创业教育中的需要。因此在教学课程的过程中，可以通

过互联网技术让学生开展碎片化学习，将信息技术融入创新创业教育中，既可以提升教学质量，也可以提高学生在创新创业学习中的效率。教学信息化的发展，要求教师依托虚拟技术为学生创造一个身临其境的场景，引导学生积极参与到创新创业学习中来，这样做不仅可以激发学生的学习兴趣，也可以让学生更好地投入创新创业的教育中来。因此，教学工作者要不断地提升对教育信息化技术的掌握程度，在课堂上运用信息化技术教学，同时在这一过程中不断总结经验，以便于更好地开展创新创业教育。

为此，可以让教师通过研学旅行的方式，从其他的地方学习一些先进的信息技术，并且对这些先进的信息技术进行总结，通过智慧校园来向学生进行展示。信息同步且教育者获得的信息更加全面直接，让学生可以足不出户，就能了解到创新创业的教育价值，使学生在日后的学习中，能够树立正确的创新创业教育价值观。教师通过在其他地方的学习，不断提高自己的教学水平，然后将优秀的创新创业教育价值观投入教育信息化的建设中来。

在教育信息化2.0大背景下，教师的理念和思维都是教学工作的重中之重。教育信息化涉及的各个要素呈现在我们面前的，也只不过是一个外在结构的表现，而真正能够实现自身教育信息化全方位发展的，却是需要我们将教育信息化进行系统化建设，并且在这一过程中能够不断提升教育信息化的成果，并且将其应用到创新创业的教育过程中。[①]教师将信息技术应用到教学环节中，让教师可以在日后的工作中，能够不断地向学生传输创新创业教育价值观，并且引导学生开展创新创业的实践活动。在教学的过程中，教师往往会进行集体研讨，这可以在一定程度上弥补自己工作中的不足，而且也可以激发教师参与到研讨分析的过程之中，不断提出新的观点，提升自己的教学水平，教师也可以在教学工作中推陈出新，能够让教师在研讨分析的过程中，提出一些有利于创新创业的教育价值传播的方式，这些都是需要相关的教学工作者在教学过程中需要注意的重要问题。

---

① 荣娟. 教育信息化2.0建设的系统思考[J]. 苏州教育信息化, 2018（12）.

二、教学主体在教育信息化2.0时代的地位

在课堂教学中，学生作为课堂的主体，一直都发挥着至关重要的作用。需要教学工作者在教学的过程中，能够积极地引导学生参与到课堂建设中来，并且通过学生喜闻乐见的形式，来引导学生参与到创新创业的环节中来，使得教学工作者可以在教学的过程中，提升自己的教学效率；可以通过经济社会对于人才的需求，让学生提升自己的技能，实现复合型人才的培养，让学生在创新创业活动中融会贯通，提高解决问题的能力。

高校在教学过程中，讲述理论课程之后，为学生安排一些社会实践活动，要将社会实践活动作为整体教学过程中一个非常重要的环节，这可以让学生树立起创新创业教育价值观，也可以让学生提前了解本专业的一些相关的事项。教育价值观在本专业的社会实践活动中的广泛运用，可以对学生在这一方面所提出的思想或是看法予以正确的指导。学生往往会对一些事情有着自己的理解和看法，这就需要教师予以正确的引导。在教育信息化发展的时代下，教师必须要通过建设智慧校园将教学资源予以传播，并且通过信息技术的形式，让学生自行解决在社会实践活动中所提出的问题，这些都有利于学生建立终身学习的综合素质。

在教育信息化2.0的时代下，对于人才的要求越来越高，这不仅需要学生提升自己的专业技能，也需要学生增强自身的责任感和使命感，要鼓励学生在教育信息化的背景下不断学习，树立创新创业价值观。如今，很多地方已经开始应用教育信息化的教学方式，并且将教育信息化的技术应用在教学过程的实践中，这些都是教学工作者在创新创业教育中需要注意的事项，因此要将教育信息化的技术对教育资源进行整合，便于更多的人使用教学资源，将其应用实践中，为参与创新创业活动奠定基础。

三、教育信息化2.0时代对教学体制改革的要求

在教育信息化2.0的时代背景下，案例分析和情景教学成为两种比较重要

的教学方式，也是目前应用程度最高的两种教学方式，在这两种教学方式的影响之下，教学工作者可以在课堂上灵活使用，并且利用智慧校园系统，对学生进行积极引导，让学生通过自主学习的方式，不断地完善自己的学习素养，积极地参与到创新创业的学习中来，提升自己的学习技能和整体能力。若想将学到的知识应用到实践中，这就需要高校开展创新创业教育活动，由教师对学生进行积极引导。

通过情景预设，可以高度还原在各种各样的情况下所产生的结果。因此需要教学工作者将课堂内容嵌入教学实际的情景中，以此提高学生的理解能力。将课堂上学到的知识，在具体案例中进行分析或情景预设中进行使用，使学生在运用知识过程中不断提出新观点，这些都有利于学生提升自己的创新创业思维，也是学生在教育信息化的大背景下，引导自己提升创新创业价值思维的一项非常重要的环节。依托于网络信息平台进行自主学习，可以提升学生的求知欲，提高学生的学习兴趣，增强学生的自信心，提高学生对创新创业的使命感和责任感，教育信息化带来的好处。

除了知识迁移，嵌入也是一个重要的教学方式。在学习的过程中，有很多的情景是难以呈现在我们眼前的，因此就需要相关的教学工作者在这一过程中通过模拟技术来实现这一点。情景预设的过程中，往往会出现一些仅可观测却不能实际呈现的情况，比如说自然灾害，安全事故等，或者是概念性的情景，这些都是教学过程中的重要环节，可以借此来引导学生不断尝试新方法，坚持持续学习的原则。

高校进行教育体制改革和开展教学工作的过程，就是希望学生可以在这一过程中不断提升自己的综合素养，完善自己的整体素质。因此，需要高校积极主动开展校企合作。现在很多企业都已经引入了现代化的科学技术，并且拥有一批掌握现代化科学技术的人才。这些人才可以作为导师与校内教师形成教育合力，让学生可以在创新创业教育的过程中不断了解岗位的未来愿景，并且可以鼓励学生运用自己掌握的技能，在实际的场景中进行实操演练。这一过程不仅可以引入很多优秀的教学资源，也可以实现学生的全面发展，使得我国的高校能够满足市场需求，在教育信息化2.0时代下为国家培养出大量的高素质人才。

"大众创业，万众创新"作为我国一贯坚持的方针政策，在我国的发展过程中，也是一项需要推进的战略。因此需要降低教学的门槛，将教学资源充分应用到每一个需要学习的人身上，营造出创新创业的社会氛围，使得我国的教育事业达到一个新的高度。高校在进行教学改革时，也需要注意对学生整体素质的培养，要充分培养学生创新创业教育价值观。只有这样，才能够让学生得到全方位的发展，有利于学生整体素质的提升。

古人云：知行合一。只有将自己所学到的知识与具体实践相结合，才能让自己发挥出最大的价值。在教育信息化发展的时代下，我国的信息技术已经在教学的环节中扮演着不可或缺的角色，教学工作者也可以通过现代化的信息技术，来对创新创业教育的方式进行改革；通过开展创新创业的社会实践活动，让学生能够树立起创新创业教育价值观。在实际应用的过程中，能够更加游刃有余地提升自己的思维方式。通过这种方式，可以促进我国教育事业的发展，也可以实现学习者的全面发展。在教育信息化的大背景下，随着教学体制改革，社会实践的广泛开展，能够让学生更好地了解到创新创业教育价值观的重要性，让学生积极主动地投入创新创业的实践中来，为我国的发展贡献自己的一份力量。

四、教育信息化2.0时代下创新创业课程的意义

教学工作者必须要完善自己的教学思维，在课堂上不断培养学生的创新创业思维意识，并且在这一过程中不断提升自己的职业感和使命感。在开展创新创业的教学中，要注意遵守相关的规范，在合法的框架之下不断提升自己的创新创业思维。

随着人工智能技术的进一步发展，我国的教育也逐渐走向信息化，但是这一过程很有可能会诱导学生产生利己主义的思想，这就要求相关的教学工作者必须要对学生进行积极的引导，要让学生树立正确的价值观和职业观，实现自身的全面发展。教育信息化2.0时代的到来，为我国培养出了一大批的复合型人才，这不仅有利于学生培养终身学习的意识，有利于学生在学习的过程中树立正确的创新创业教育价值观，也有利于让学生不断提出新的观点，提升自

己的创新创业能力。学生可以在学习的过程中，不断提升自己的职业素养，树立正确的价值观，不断总结经验，完善自己的创新创业教育价值观。我国的独生子女较多，这就使得学生的团队合作意识相对比较薄弱。创新创业思维，要求学生必须要有较好的沟通表达能力和团队协作能力，因此在创新创业课程的学习过程中找出自身存在的一些问题，实现自身的全面发展，促进团队协作能力的提升，树立起正确的创新创业教育价值观。

创新来源于人类在社会实践中，不断提出新思想的过程。但从创新思想应用到实践，实践所产生创新思想的再次应用的过程，是一个非常枯燥无味的循环过程。这就需要学生在对掌握知识和技能的前提下，要对所学到的知识进行迁移，并且要在这一过程中，不断提升自己对于环境的适应能力，使得学生可以在教育信息化的大背景之下，更加轻松地参与到创新创业的活动中来；可以让学生积极面对未来所发生的一系列不确定因素所造成的后果；可以提高学生的心理素质，有利于让学生更轻松地走向社会，跟上时代发展的潮流。

在创新创业教育课程教学活动中，教师要加强与学生之间的沟通，通过沟通交流的方式，不断地挖掘出学生在实践过程中提出的一些新观点。学生可以通过自主学习和团队协作的方式来树立自身的创新创业价值观，通过集体的智慧来克服未来所面临的一些挑战，使学生能够具有更高的责任感和使命感，并且发挥自身的主观能动性，在日后的社会实践中不断提高自己的综合素养。创新创业教育课程的改革，也是对教学的整体过程进行创新。在一定程度上，可以将各个相互独立的课程体系连接起来，使其具备灵活性和实用性，这些都是需要教学工作者在日后的教学工作中需要注意的问题。

随着应用教育信息化的技术对学生上述能力的培养，有利于提高学生解决问题的能力，培养学生的创新创业能力。在教学的过程中，要不断提升教学环节与课堂的关联度，而不能仅仅为了培养创新思维，忽视了课堂的建设，这就要求教学工作者必须要加强课堂建设，并且要构建各种各样的学习平台，培养学生通过多种视角，运用自己所学的知识，来解决在学习过程中存在的一些问题，在学习的过程中不断提升自己的创新能力。教师必须要通过信息技术为学生提供更具个性化的教育平台、让学生能够将所学的知识应用到具体的实践中，在实践中总结经验，弥补不足；在创新创业的活动中，不断提升自己的综合素养；在教育信息化2.0时代下，完善创新创业思维。

第二节　强化高校教育信息化2.0时代基础建设服务创新创业教育

加强高校教育信息化的基础建设，已经成为我国高校教育进程中需要注意的重要问题。在这一过程中，计算机、互联网等技术的广泛应用，有利于推动我国教育事业的蓬勃发展。2018年4月，教育部正式发布《教育信息化2.0行动计划》，将教育信息化列为加快教育现代化和建设教育强国的重要支点，并对教育信息化建设的总体要求、目标任务、实施行动进行了战略部署。高校的人才优势和技术优势，为高校推动教育信息化创造了有利条件。

一、高校信息化2.0时代建设中所存在的问题

进入教育信息化2.0时代后，高校的信息化建设虽然已经取得了丰硕的成果，但是在实际的操作过程中，仍然存在着一些问题。这些问题关系到我国教育事业的发展，因此需要相关的工作人员在教学工作中重点注意。

在教学的过程中，教育信息化的建设仍旧存在着一些问题。很多人对于教育信息化的建设还没有一个清醒地认识，这也成为目前高校信息化发展的一个重大的阻碍。在高校建设的过程中，国家政策的引导在一定程度上促进了教育信息化的蓬勃发展。教育信息化平台的使用，让更多的学校逐渐通过"智慧校园"等方式来加强基础设施的建设，其中教育信息化起到至关重要的作用。但是，部分高校对于教育信息化的认识相对不足，使得教育信息化的成果不能够直接应用到实际的教学工作中。并且仍然很多高校依旧采取传统教学的方式，来开展教学工作。

在教学体制改革中，许多高校仍旧没有明确教育信息化在教育变革中所起到的关键性作用，因此也就没有办法在教育发展的浪潮中抢占先机。很多高校不能够认识到教育信息化的重要性，单纯地认为教育信息化是高校传统教育

的一个附属品，因此对教育信息化所带来的深刻变革也并不重视，这就导致教育信息化的发展受到一定的影响。对于教育信息化认识的认识薄弱，导致高校的教育信息化建设进程趋于缓慢，在线教育所投入的精力也相对较小，使得我国的教育事业发展受到了严重的影响，更在一定程度上阻碍我国教育信息化的发展进程。①

高校在开展教育信息化建设的过程中普遍存在重视建设却轻视应用的态度，这也是制约我国教育事业发展的一项重大的难题。教育信息化建设的过程中，网络运载能力的大小会影响教育信息化的发展，网络信息的质量直接影响到教育信息化的发展进程，这些都是高校在开展教育信息化建设中所需要注意的问题。目前，很多高校对于线上课堂的建设仍旧处于一种初级阶段，而且高校并没有充足的教学资源可以用于提升教师的教学水平和信息技术的掌握程度，教师在没有进行教育信息化培训的前提下展开教学工作，因此，不能够充分利用教学信息化的成果，使得线上课堂仅仅作为线下课堂的补充，并没有实现传统课堂教学与教育信息化的深度融合，也没有使教育信息化的进程得到全面的发展。

线上教育作为目前高校教育的一个非常重要的组成部分，需要在各大高校中广泛开展，但是很多高校在教育信息化的建设上并没有提出一个明确的方针，对于技术的引进也处于一种消极怠工的状态，这就导致高校的教育信息化发展陷入一种迟滞的状态。因此，高校的教育信息化发展任务尤为艰巨，这些都会对教育信息化的发展产生深远的影响。教育信息化的发展是一项系统性很强的建设工程，在开展教育信息化的过程中，很多高校的信息化技术相对比较落后，教学信息不能够达到实时同步，因此，校内外的教学思路并不完全统一，往往会存在一些分歧，这些都相关的教学工作者需要注意的问题。在开展教育信息化的建设过程中，应建立起一套相对比较系统的协同机制和构建方案，实现信息技术在教育活动中的运用，满足现代化建设的需要。

---

① 孙斌. 高校信息化建设中存在的问题及对策建议 [J]. 中国科技博览, 2012 (30)：1.

二、高校教育信息化2.0时代的综合发展

教学体制改革的过程，需要相关的教学工作者在教学过程中对教育信息化的发展投入更多的精力，将教育信息化的工作重心投入基础设施的建设中来。对教育信息化资源的实际应用有利于实现自身的全面发展，对教育信息化发展的高度重视，有利于高校在教育信息化的浪潮之下为国家不断培养出高素质的综合人才，这些都是教育信息化在建设过程中所起到的作用，并且要在教学信息化推进的过程中建立互动反馈系统，以便于支持课堂决策，由此提升学校的课堂效率和教学质量。

《教育信息化2.0行动计划》针对智慧教育的发展提出，数字资源服务普及行动、网络学习空间覆盖行动、网络扶智工程攻坚行动，以及教育治理能力优化行动，这四项具体行动使得各地教育开展智慧教育明确了努力的方向。[①]在教育信息化发展的过程中，信息技术的应用可以使我国的教育事业的发展进入一个新的时期。在这一过程中，教育工作者可以不断提升自己的教学能力，高校可以为教育信息化的发展投入更多的精力，同时开展创新创业教育，将创新创业教育的成果应用到实践中。在这一过程中，我国的教育事业会得到一个长足稳定的发展空间，这些都是教育信息化发展所带来的阶段影响。

随着教育信息化的发展，我国对信息技术的应用成为目前最为重要的关键所在。我国的高校教育建设需要敏锐地把握住社会发展的每一个阶段，并且要在发展中不断地找出自己的不足，再予以完善和更新，这是一项关键性任务。高校要不断转变思维模式，对教育的发展给出合理的建议，推动开展创新创业教育，实现我国创新创业教育的进一步发展。在这一过程中，可以让我国的教育事业得到一个长足稳定的发展空间，促进我国的教育事业蓬勃发展，由此也可以推动我国的创新创业教育事业的蓬勃发展，为教育信息化树立长期的目标和未来的愿景。教育工作者运用这种先进的教育方式从事教学活动，使得创新创业的课程不断满足学生们的需要，大量的经典案例以高度信息化的方式

---

① 卢婵.教育信息化2.0背景下智慧教育的创新发展［J］.吉林省教育学院学报，2021，37（11）：120-123.

呈现给学生，让学生在学习书本知识以外，能够更加直观地进行知识的搜集和捕捉，使得学生可以尽快地提升自己对创新创业的认识，通过开展创客工作坊、创客实验室、创客实训平台、创客沙龙等形式，让学生在课余的有限时间进行创业教育探索，并且在这一过程中提出新的观点和见解，整理思路，完成教学过程的完善。

高校在开展创新创业教学工作时，要做好统筹兼顾，明确责任主体实现职能的正确分工，推动学校的每一个工作人员都能够积极地参与到创新创业的教育中来，实现教育信息化建设的全方位发展，并且抓住这一契机，实现校企合作为共享共建教育资源的常态化奠定基础。教育信息化2.0时代是一个开创新纪元的变革时代，在这个大背景下，我国的高校创新创业教育事业处于一个改革的视角，在这种高科技、高质量的教学环境中，对于创新创业教育我们首先要进行知识的迁移合理化。在整体的过程中，将学校所学的知识进行合理的探索、整合、归纳，并运用到创新创业教育中。

学生在创新创业实践过程中，综合运用所学知识，掌握教育信息化2.0时代的整体走向，不仅仅是书本知识的学习，同时使用现代科学技术，开展创新创业教育。大数据分析及整理，能够让我们更加了解所需所学，学校将原有慕课、翻转课堂的方式变革得更加多样化，情境互动、三维效果呈现、视觉听觉整体感知，以及实践效果提升方式的转变，都在进行着悄无声息的变化。进入教育信息化2.0时代，学生综合利用自媒体、直播形式的领域拓展，加快了对创新创业形式的再认识，丰富了学生的整体探知情况。

在教育信息化不断发展的当下，我国的教育事业呈现出一种蓬勃发展的态势，同时，我国教育事业的发展也逐渐显现出属于自己的一个重要的特点。各大高校在开展创新创业教育的过程中，仍旧采用传统的教育方式对学生开展教学工作，这种情况下虽然可以在一定程度上提升教师的教学质量，但却打击了学生的自主学习性，因此高校在开展教育信息化的过程中，也要对创新创业教育进行重视，并且将教育信息化的成果应用到创新创业教育的过程中，实现创新创业教育的进一步发展，这也是教育信息化建设过程中的一项重要的环节。此外，高校在开展教学工作的过程中，也要对科研项目进行一定的扶持，在开展科研项目的过程中让学生树立创新创业的教育价值观，并且开展一系列有利于科研成果的调查分析，使其适应教育信息化发展的潮流，这样也有利于学生在未来的发展过程中能够不断地完善自己。

三、高校教育信息化2.0时代基础建设的策略

在高校教育信息化基础建设的过程中，需要高校的教学工作者，不断地改进自己的教学理念，要对教育信息化有一个深刻地了解，将教育信息化的成果应用到实践中，重视教育信息化在高等教育的应用。

在教育信息化蓬勃发展的当下，作为高等院校更应当顺应时代的潮流，将教育信息化逐渐应用到教学工作的每一个领域中，推动教育信息化基础建设为教学教育进行服务，为国家培养出全方位、高素质的复合型人才，可以在信息时代的潮流之下，让优秀的人才更好地为国家和社会服务，实现高等教育信息化的进一步发展。

高校之间开展学术交流，在交流的过程中对一些随时可能产生的问题进行处理，使教育信息化能够跟上时代的步伐。在交流的过程中也可以提供一些理论支撑，并且对学生进行相应的技术指导，使教育信息化基础建设过程中所出现的一些问题能够得到及时的解决，使得教育信息化的每一个部分都能够得到合理的应用。因此，推广学校与学校之间的资源共享，让各个高校之间的学生进行学习交流，实现同学科专业之间的学术交流，有利于加快教育信息化基础建设的进程，并且可以在这一过程中将教育信息化逐渐地推广开来，实现教育信息化的蓬勃发展。在信息技术发展的时代背景下，很多的教学工作者已经可以熟练地掌握多媒体技术，并且制作出精美的课件及网络课程，因此在教育信息化基础建设的过程中，要鼓励相关的优秀教师不断地将自己的成果展现给广大的学生群体，让学生可以获得更为实用的优秀学习资源。在教育信息化基础建设的过程中，高校也要组建相关的专业队伍来搜集与学科教育相关的资料和素材，可以及时地弥补教学工作中的不足，比如在高等院校的课程设计中，高等数学是一个非常重要的基础性科目，因此在搜集相关的素材过程中，要将高等数学有关的知识全部搜罗到高校的信息库中，来满足学生对于高等数学的学习需求，有效地填补学校高等数学教学资源的空白。立足于以开发为基础，

以应用为核心，更好地为教育信息化的发展服务，也有利于我国的教育资源得到充分的发展。

在教育信息化基础建设的过程中，管理机制的确立和完善也是一项非常重要的工作。在这一工作中，要将信息化技术和自身的管理意识相互结合，这要求相关的教学工作者必须要对信息技术熟练地掌握，建立教育信息处理系统，为高校的教学人员提供基础的硬件设备，为高校在开展创新创业教育提供物质保障。由于教育信息化的投资是非常巨大的，因此也要求当地的政府部门对教育信息化的发展持一种积极的态度，并且要给予相应的技术支持和经济支持，让高校信息化的基础建设进入一个蓬勃发展的状态中来。

创新创业教育作为一项非常重要的工作，对我国的高校教育起到了举足轻重的作用，在教育信息化基础建设的过程中，要适当地将其应用在创新创业教育的过程中，为我国的高校学生早日培养创新创业的教育思维打下坚实的基础。

第三节　教育信息化2.0与创新创业教育深度融合带动专创融合

教育信息化2.0和创新创业教育的深度融合，可以在一定程度上提升高校大学生的创新精神和创业能力，可以有效推动我国的高等院校创新创业教育的蓬勃发展，实现人才培养计划的全面实施。构建创新创业教育平台，有利于实现教育信息化的全面普及，也可以带动专业创新的融合与发展。

一、创新创业教育与专业教育的融合探索

创新创业教育与专业教育的深度融合可以加快我国教育事业的发展，加大创新创业人才的培养力度，提高高校学生的就业率，实现我国高等教育全方位的发展。我国的创新创业教育的现状还是比较可观的，大学生创新创业教育示范基地的建设和创新创业教育改革，共同促进了我国高等教育的发展。但在这一过程中，我国的创新创业教育仍旧存在着很多的问题，这些问题影响着着

我国创新创业教育和专业教育的深度融合，不利于我国教育信息化迈向新的高度，也不能够使我国的创新创业教育真正地融入教育信息化的浪潮之中，导致我国高等教育发展进程缓慢。

在我国教育事业发展的过程中，创新创业教育和专业教育的融合度仍旧处于一种迟滞的状态，使得高校在专业技能和创新创业教育的意识形态的培养过程中思维意识依旧处于一种模糊的状态，这就要求在教学的过程中不断地培养学生的创新创业思维，充分地发挥自身的专业技能，立足于本专业的一些实际成果开展创新创业的实践活动。这些都要求高校在教育信息化发展的过程中，将创新创业教育和专业教育相结合。

创新创业教育体系在完善的过程中，虽然在一定程度上会依赖教育信息化2.0的成果，但更多的还是对专业教育具有一定的依赖，二者的相互融合可以将创新创业应用到专业知识的领域，也可以使学生通过自己所学的专业知识来开展创新创业的活动，使我国的教育体系发展进入一个全面攻坚的阶段，有利于我国深化"大众创业，万众创新"的战略。

专业教育和创新创业教育之间的融合深度依旧缺乏相关的系统性，使得顶层设计仍受到一定的局限，这就需要相关的教学工作者在教学的过程中能够不断地培养出一系列高素质的人才，依靠他们自身的创新能力来开创创新创业的思维，使得他们在创新创业的思维影响之下，不断地提升自己的创新创业能力，有利于培养更多具有创新创业思维的高素质人才，推动学生通过创新创业的思维来开展社会实践活动，这些都有利于我国教育事业的蓬勃发展，也可以促进我国在未来的教学过程中，通过教育信息化和创新创业教育的蓬勃发展，实现我国在未来的教学过程中，进而不断地提升自己的学习能力。

我们在教育信息化2.0发展的浪潮之下，立足于专业教育发展的进程深化，学生对于专业知识的理解，是需要教学工作者在开展创新创业教育的过程中注意的关键性问题。因此，将教育信息化融合在创新创业教育的过程中，也就成了能够开展创新创业教育，并且将学生所学到的专业知识应用到实践的活动中所需要注意的问题。值得注意的是，专业教育是要求相关的教学工作者在教学的过程中能够不断地提升自己的教学思维，并且将创新创业的教育思维应用到社会实践的活动中，使得高校能为我国培养出更多的高素质人才，实现我国的人才培养计划的全面实施。同时，要对人才的培养进行跟踪，对创新创业教育过程中所存在的一些问题进行及时的更新和补救，设计一套完整的教学理论体系，为我国教育事业的现代化发展，打下坚实的基础。综合利用教育信息化2.0时代所带来的探索与发展的关系，强化认知形式，开展新型认知方式，融合最新的技术手段，进行整体有效的探索和发展。

"互联网+教育"的崛起，要求教师主动适应信息化转变、人工智能等新技术变革，重构教学生态环节。学校要加强信息化基础环境建设综合建设，优化现有网络，积极组织建设5G网络环境，利用5G网络的优势，实现万物互联。加强组织支持力，促进知能转化，提高教学水平和效率。打造信息化的教学环境，积极建设智慧教室、VR实训室、智能录播室、虚拟情境教室、专业实训室、多功能教室等，为教师采用目标化教学、翻转课堂、协作教学等新型教学模式提供智能化的教学环境。①

深入开展专创融合的教学理念，在这一过程中将专业知识与创新创业课程相结合，使得课堂逐渐变得丰富起来，这不仅有利于我国教育事业的蓬勃发展，也有利于我国的教学工作者在未来的教学过程中，能够不断地提升自己的知识水平以及行为能力，并且建立一套高标准的指标体系，实现学生对相关教学工作的反馈。努力地构建一套适合学生开展创新创业教育的工作平台，有力地促进我国教学事业的进一步发展，通过构建网上学习的平台，让学生可以通过信息技术进行学习。开展各种各样的创业竞赛的项目，让学生可以结合自己所学的专业知识来开展学习。这些东西需要高校在开展教学信息化的过程中需要注意的一点，就是我国在实现高等教育的发展进程中所要关注的重要目标，在这一过程中，要在大学生的实践活动中推动大学生开展创新创业的教育思维，实现我国创新创业教育思维的全面发展，使我国的各大高校能够在创新创业教育的过程中实现蓬勃发展的进程，同时也有利于我国的教育事业迈向新的高度。

① 王春雨, 湛邰. 教育信息化2.0时代教师信息素养提升研究 [J]. 中国成人教育, 2019 (12) : 3.

二、教育信息化2.0时代师资团队建设探索

在我国开展创新创业教育的过程中，师资力量是使我国创新创业教育的发展的重要因素，很多的高校师资团队虽然力量雄厚，但是很多的教师并没有开展教育信息化的学习，使得教育信息化的成果不能及时地应用到教学活动的每一个角落中，教学工作不能够如期地展开。通过开辟第二课堂的方式让教师录制微课，让学生在闲暇的时间通过碎片化学习的方式来开展相关专业知识的学习，并且将自己所学到的这些专业知识应用于社会实践的活动中，这不仅有利于我国创新创业教育的发展，也可以让我国的师资团队，能够在开展各种各样的教育活动的过程中，能够不断地提高自己的教学素养，使得我国的教育信息化进程能够不断地加快，促进我国创新创业教育的进一步发展。相关的教学工作者通过网络技术的形式，引导学生自主地开展创新创业的教育学习，并且将相关的理论成果公布于众，使得大家都能够在学习的过程中找到自己想要的创新创业的思维，实现我国创新创业思维的进一步发展。

我国的教育信息化2.0时代发展呈现出一种新的模式，这些都是在未来的教学过程中需要注意的问题。在整体的探索中，教育信息化2.0时代的进步是不可替代和阻挡的，对于教学手段的完善和提高、教学内容的精简和优化、教学技术的更新和替代均提出了更高的要求。

三、创新创业教育平台建设对实践活动的支撑

在开展创新创业教育的实践过程中，在双创共建体系的建设之下，很多的高校已经和政府企业开展相关的创新创业教育工作，并且将教学工作的成果应用到实践中来，这些不仅能够提升我国的创新创业教育的进一步发展，也可以让更多的学生能够参与到我国的创新创业教育的实践中来。

我国的高等教育目前仍旧处于发展的稳步阶段，这就要求我国的教学工作者在未来的教学过程中能够不断提升自己的教学水平，并且在这一过程中能够不断引入创新创业教育的先进思想，实现我国教育事业的蓬勃发展。这不仅

有利于我国教育事业的全方位发展，也可以实现我国创新创业思维的进一步提升，能够为我国在未来培养出跟过的高素质人才带下坚实的基础。

第四节　目标同化引领智能化创新创业教育模式创新

高校开展智能化创新创业教育的过程中，需要对教学的目标进行同化，由此来引领我国高校开展智能化创新创业教育改革，实现我国创新创业教育的创新。为加快实现我国创新创业教育改革，实现我国创新创业教育体系的全面发展，成为目前建设我国特色高水平院校的理想重要的工作，在这一过程中推动创新创业教育的智能化改革，需要对我国的人才培养目标进行确定，通过同化目标来引领我国创新创业的教育走向，实现我国全方位的发展，让我国在高等教育上取得更大的成就。

一、实现教育信息化2.0时代创新创业教育科学化

在我国高等教育发展的过程中，人才培养的目标是一致的，那就是为社会培养出一系列有利于国家发展的高素质人才，因此，需要构建新时代的高等教育体系，为学生能够提升创新创业思维奠定基础，通过培养创新创业的意识，激发学生在创新创业工作中的兴趣，使得学生可以在大学生活中能够不断地发挥潜能和主观能动性，将自己所思考到的一些新思想应用到实践中，将专业知识应用到创新创业教育的过程中，有利于推动我国创新创业教育的进一步发展实现教育培训目标，对智能化创新创业教育模式起到引领作用，使得创新创业教育可以在教育信息化的过程中能够不断地发挥出自己的能力。在学校的教学建设过程中，有很多的校内公共选修课是满足学生创新创业教育需求的，在这些课程中有很多的学生不断地提升自己对于课堂的积极性中注意的一些问题。在教育信息化发展的状况之下，线上课程的推广和使用都在一定程度上促进了我国创新创业教育的进一步发展，可以让学生通过碎片化的学习方式实现我国创新创业教育的进一步发展，这不仅有利于我国能够广泛地开展创新创业

教育，也可以实现我国创新创业教育资源的更新，使得更多的人能够通过线上课堂的形式来开展创新创业教育的学习，为我国能够更好地打造具有科学化的创新创业教育体系，奠定不可磨灭的基础。要对相关的技术资源进行处理，高校通过构建自己的线上课程资源库，为我国能够更好地构建智能化创新创业教育模式，提供了宝贵的经验，在科学技术发展的当下智能化技术的广泛应用，使得教育事业也逐步地对智能化应用产生一定的依赖，这就要求高校在创新创业教育的过程中，能够不断的引入智能化的成果，实现我国高等教育的进一步发展，为我国的高等教育课程提供一定的技术支持。

线下课堂的传授方式作为一种传统的传授方式，在我国的高等教育中起到了举足轻重的作用，但线上课堂的开辟和应用在一定程度上创新了我国高等教育的新模式，这不仅是我国创新创业人才教育培训阵地的扩大和延伸，也使得我国的教育体系能够得到全方位的发展。不断的引入智能化的成果，实现我国高等教育的进一步发展，将一些先进的信息技术应用到课程建设之中，把握目前的市场动向，让学生在学习专业知识的过程中，能够不断地与社会进行接轨，这也有利于创新创业教育的进一步发展，并且为我国创新创业教育开辟了一个新的思路。[①]

创新创业人才培养方案的确立是我国高等教育培养人才目标的一个重要的内容，各大高校在开展专业学科建设的过程中，为学生的专业能力制订了一定的培养计划，这些计划可以在一定程度上为我国能够早日地实现高等教育的进一步发展打下坚实的基础，并且通过网络信息化的不断发展，对这些课程进行引入，使得我国在开展教学工作的过程中，能够不断应用智能化成果，实现我国高等教育的进一步发展。在开展教育工作的过程中，积极地引导学生利用现代化的科学技术来进行学习，满足于学生在创新创业过程中的一些技术需要，并且将相关的课程引入智能化体系中以满足学生对相关知识的需求。将课堂的信息互动系统进行改良，使得师生之间的互动更加紧密，也可以让相关的导师能够尽早地发现问题并且进行引导，激发学生对创新创业教育的积极性，使得我国的高等教育达到一个新的高度。强化我国高等教育的教学效果，使我

---

① 郑秀芝，创新创业教育教学课程实施路径研究［J］，才智，2017（12）163；165.

国的创新创业教育不断地向智能化迈进，为我国能够尽快地构建起一套科学的理论体系，将人才培养目标和创新创业教育模式相结合。通过对学生进行智能化的创新创业教育，实现我国对于高等教育人才的培养，为我国培养大量的高素质人才。①

二、推动教育信息化2.0时代创新创业教育目标完善

在开展创新创业教育的过程中，其教育目标要和专业教育的目标相一致，在教育内容上也要进行互通，因此在这一过程中就需要两者进行教育模式的融合，这就要求创新创业教育的模式，逐渐向着智能化的方向发展。在教育部关于落实专业教育和创新创业教育的有机融合这一要求的背景之下，要求我们将创新创业教育与人才培养计划相结合，实现我国创新创业教育的进一步发展，并且将其进行全面的改革，将学生的创新创业能力进行培养。但由于我国开展智能化创新创业教育的进程仍属于初级阶段，这就需要在一些相对比较发达高等教育比较完善的一些地区进行试点，将人才培养方案进行不断地改进，结合我国专业教育的一些特点来开展教学工作，挖掘学生在创新创业教育的过程中所提出的一些问题，对于试点的企业进行合作，并且将合作的成果公之于众，这些都有利于我国创新创业教育的进一步发展，也有利于我国的相关企业的全面发展。推广校企之间的协同教育，让学生在企业中学到在课堂上无法学到的专业知识，引导学生积极主动地投入企业的学习中来，在企业进行实习的过程中也要求企业导师对学生开展创新创业教育，引领学生在实习岗位上通过智能化的方式来开展创新创业的学习，挖掘学生在创新创业学习过程中所提出的一些观点和看法，让学生能够在未来的学习道路上更加轻松地面对所发生的一些问题。在一些试点的高校和一些试点的专业中，也可以积极地去开发一些校外的学习资源，将社会上一些知名的创业成功者引入学校中来，通过举办讲座的方式，让学生能够更加轻松地领会到创新创业教育的优势，引领学生开展创新创业教育的活动，使学生在其他成功者的影响之下，得到一个全方位的提

---

① 才忠喜. 高校创新创业教育课程建设的思考［J］，2012（10）.

升，让我国的创新创业教育事业达到一个新的巅峰。

对学生的专业课程进行一定的挖掘，通过挖掘学生在专业课程中所提出了一些新的观点和看法，有力的支撑创新创业教育的作用，这些可以在一定程度上为我国能够开发新型的创新创业教育模式打下坚实的基础，也可以为我国的创新创业教育事业提供一个新的空间，让我国的创新创业教育事业能够得到一个新的发展。将创新创业教育贯穿于整个高等教育的始终，让学生在每一个学期都能够接受到创新创业教育，使高校的人才能够充分地满足社会发展的需要，树立创新创业的教育意识，并且将创新创业教育的重要性灌收到同学们的心中，让同学们能够更加重视创新创业教育，将创新创业教育的知识进行一定的考核，引导学生积极主动地投入创新创业教育的过程中。引导学生在企业学习的过程中，能够不断地接触到企业的一些新的技术，并将企业的这些新技术进行学习，使学生在创新创业教育的过程中能够适应企业的需要。

在学校开展创新创业教育的过程中，创新创业教育的导师要对学生进行积极的引导，并且在校企合作的过程中和企业导师进行一定的交流和互动，将学生们在教学过程中所存在的一些问题进行集中讨论，提出应对方案，让学生在未来的创新创业教育的过程中能够避免出现同样的错误。

在开展创新创业教育改革的过程中，会出现很多的问题，比如说缺乏专业的师资力量及专业的基础设备等，这些都在一定程度上使得我国的创新创业教育事业不能稳定的按照既定目标发展，这就需要对我国的创新创业教育的师资力量进行整合，使得我国在未来开展创新创业教育的过程中，能够不断地激发教师潜能实现创新创业教育的进一步发展。

创新创业教育的整合，是我国开展创新创业教育事业的一个重要环节，为使得我国的创新创业教育事业能够得到全面的发展，要求专业的导师，在专业技术水平和创新创业的素质方面进行全面的提升；要求学校在开展创新创业教育的过程中，不断地对相关的专业导师进行培训；力求让专业的导师能够更好地提升自己的创新创业素质，并且广泛地开展创新创业的教育培训活动，让更多的导师在教学教育的过程中能够不断地提升自己的创新创业教育思维，实现创新创业教育的全面发展。

高校在开展创新创业教育的过程中，对于教学管理的灵活性和规范性存在着很大的难题，与传统的专业教学课程有很大的不同，创新创业教育的课程主要是需要学生通过动手实操来完成教师的教学任务，这就要求学生必须积极地投入创新创业教育的全过程中。要对开展创新创业教育课程的地点进行把控，不能过于复杂，所要办理的一些手续和过程也应当进行简化，使得创新创业的教学工作具有更高的灵活性。

目前，对教师和学生的激励制度还没有完善，这在一定程度上打击了教师的教学积极性和学生的学习积极性，因此在开展创新创业教育的过程中，必须要持续地推动创新创业课程的建设，引导学生积极主动地参与到相关的教学工作中来，并且让学校在制定教学计划的过程中，对开展创新创业教育事业予以更深的关注，并且鼓励开课的教师，让开展创新创业教育课程的导师能够具有更高的积极性，并且让这种教学模式能够继续地应用到学生的学习中来，在这一过程中不能将专业的传统课程和创新创业教育的新型课程进行区别对待，而要一视同仁，这不仅能够在一定程度上激励学生的学习积极性，还有助于高校能够更重视相关的教学工作，这些都是需要我国在未来的教学过程中需要注意的一些问题，并且对于一些具有创新创业思想的学生予以鼓励，适当的要给予一些技术支持，只有这样，我国的创新创业教育工作才能够得到全面的发展，并且要对在创新创业教育的过程中，出现了一些优秀成果的学生予以一定的物质奖励和精神奖励，使得这种奖励的制度能够不断地增进，这不仅可以在一定程度上能够提升我国的教学水平，也可以在教育信息化发展的过程中，不断地提高自己的教学水平，使得教育信息化能够不断地应用智能化的成果，让创新创业教育事业能够具有更高的智能化水平，这不仅能够在一定程度上提升自己的教育思维，还能够让学生在开展教学工作的过程中不断地提出自己内心的想法，实现我国高等教育的进一步发展，这些都是有利于我国在未来发展过程中能够不断地促进学生创新创业教育思维的重要条件。

对创新创业教育的资质进行评定，在校企合作的过程中往往会出现鱼龙混杂的状态，这些状态都无法推进我国创新创业教育的进一步发展，这就要求我国的高校在开展创新创业教育的过程中，需要对一些具有实质性的创新创业的学生进行评定，并且将一些企业中的优秀学生进行鼓励和疏导，这些都是需要相关的教学工作者在开展创新创业教育过程中所需要注意的一些问题，并且对学生应用智能化水平的技术也要进行一定的考核，使得我国在开展创新创业教育的过程中，能够更好地引导学生利用智能化的信息成果来开展学习。

在开展创新创业教育的过程中，往往是适应市场需要来开展教学工作的，因此就需要在开展教学工作的过程中，对于人才的培养和相关的技术也要进行支持，这不仅是对中小企业在未来的发展中能够通过技术性人才的支持得到全方位的发展，也是鼓励大学生在自主创业的过程中，能够充分地利用智能化的设备来开展教学工作的一个重要环节，实现我国创新创业教育的进一步发展。为我国能够更为广泛的推广大众创业，万众创新的发展战略提供坚实的基础，这就要求高校的教师团队和企业的导师共同组建创业导师团队，让更多的企业在创新创业教育的过程中，能够不断地完善和发展自身的教学水平，使得高校能够在培养人才方案的过程中，不断的引入智能化和信息化的技术，让更多的教育工作者能够引导学生积极主动地参与到创新创业的教育工作中来，也可以让企业的导师在教学工作的过程中能够不断地提升自己的教学思维，实现我国创新创业教育的全面发展，这些都是需要我们在日后的发展过程中注意的问题。

对一些发展前景比较乐观的企业进行一定的扶持，不论是相关的企业还是高校，都要对这种企业进行扶持，推动社会需求和学校人才培养计划的双重发展，实现我国创新创业技术的进一步提升，并且全面提升学校创新创业教育的能力，将创新创业教育所培养出来的一些优秀成果相结合，并且将这些这些优秀成果向学生们进行展示，鼓励学生在创新创业教育过程中不断地提出自己新的想法和思维，让我国在未来的教学过程中能够不断地引入智能化的水平，实现我国创新创业教育的进一步发展。

参考文献

[1]雷朝滋. 教育信息化：从1.0走向2.0——新时代我国教育信息化发展的走向与思路[J].华东师范大学学报（教育科学版），2018,36（1）：98–103；164.

[2]中华人民共和国教育部. 教育信息化十年发展规划（2011—2020年）[EB/OL].（2012-03-13）[2021-11-14]. http：//www.moe.gov.cn/srcsite/A16/s3342/201203/t20120313_133322. htm/

[3]任友群，冯仰存，郑旭东. 融合创新，智能引领，迎接教育信息化新时代[J].中国电化教育，2018（1）：7–14；34.

[4]教育信息化2. 0行动计划[J].西部素质教育，2018,4（10）：123.

[5]教育部发布《关于实施全国中小学教师信息技术应用能力提升工程2. 0的意见》[J].教育发展研究，2019,39（7）：6.

[6]胡钦太，张晓梅. 教育信息化2. 0的内涵解读、思维模式和系统性变革[J].现代远程教育研究，2018（6）：12–20.

[7]王少泉. "百年未有之大变局"：内涵与哲理[J].科学社会主义，2019（4）：68-73.

[8]朱永海，张新明. 论"教育信息生态学"学科构建[J].电化教育研究，2008（7）：84–89.

[9]何克抗. 论教育信息化发展新阶段[M].北京师范大学出版社：2016.

[10]徐振立. 浅谈VR虚拟现实在我国的现状及发展趋势[J].计算机产品与流通，2020（1）：157.

[11]刘云生. 论"互联网+"下的教育大变革[J].教育发展研究，2015,35（20）：10–16.

[12]何军. "互联网+"时代高校创新创业教育[M].北京师范大学出版社：2018.

[13]列宁. 列宁全集：第38卷[M].中共中央马克思恩格斯列宁斯大林著作编译

局, 译. 北京: 人民出版社, 1959.

[14] 杰克·M. 卡普兰、安东尼·C. 沃伦. 创业学 [M]. 冯建民, 译. 2版. 北京: 中国人民大学出版社, 2009.

[15] 王佑镁. 发现创客: 新工业革命视野下的教育新生态 [J]. 开放教育研究, 2015, 21 (5): 49-56; 40.

[16] 万力勇, 康翠萍. 互联网+创客教育: 构建高校创新创业教育新生态 [J]. 教育发展研究, 2016, 36 (7): 59-65.

[17] 阿里研究院. 互联网+: 从IT到DT [M]. 北京: 机械工业出版社, 2015.

[18] 程洪莉. "互联网+" 背景下高校创新创业教育的实施策略探析 [J]. 国家教育行政学院学报, 2017 (5): 76-81.

[19] 匡艳丽, 林于良. "互联网+" 思维嵌入高校创新创业教育课程建设研究 [J]. 教育探索, 2018 (1): 66-69.

[20] 张欢. 新时代高校创新创业教育生态体系优化的思考 [J]. 思想理论教育, 2019 (11): 107-111.

[21] 曾骊, 张中秋, 刘燕楠. 高校创新创业教育服务 "双创" 战略需要协同发展 [J]. 教育研究, 2017, 38 (1): 70-76; 105.

[22] 吴爱华, 侯永峰, 郝杰, 等. 以 "互联网+" 双创大赛为载体 深化高校创新创业教育改革 [J]. 中国大学教学, 2017 (1): 23-27.

[23] 高文兵. 众创背景下的中国高校创新创业教育 [J]. 中国高教研究, 2016 (1): 49-50.

[24] 曹扬. 转变经济发展方式背景下高校创新创业教育问题研究 [D]. 长春: 东北师范大学, 2014.

[25] 丁玉斌, 刘宏达. 大数据时代高校创新创业教育的挑战、问题与对策 [J]. 学校党建与思想教育, 2018 (21): 72-76.

[26] 费志勇, 陈梦玲. 产教融合背景下应用型高校创新创业教育教学改革若干问题探究 [J]. 中国成人教育, 2018 (18): 97-101.

[27] 黄兆信. 推动我国高校创新创业教育转型发展 [J]. 中国高等教育, 2017 (7): 45-47.

[28] 杨冰之. 用信息化思维解放思想 [J]. 数码世界, 2008 (5): 1.

[29] 周银萍, 王跟成, 龚啸, 等. 高校大学生信息化素养研究 [J]. 文化创新比较研

究，2019，3（1）：66–67；72.

[30]梁士荣. 开放教育特质论[J]. 开放教育研究，1991（1）：8–11；45–46.

[31]刘颖. "互联网+"视野下高校创新创业教育研究[J]. 职业技术教育，2016，37（35）：37–40.

[32]褚宏启. 教育治理：以共治求善治[J]. 教育研究，2014，35（10）：4–11.

[33]褚宏启. 我们需要什么样的现代学校制度[J]. 教育研究，2004，（12）：32–38.

[34]许晓东，王锦华，卞良，等. 高等教育的数据治理研究[J]. 高等工程教育研究，2015，（5）：25–30.

[35]滕世华. 公共治理理论及其引发的变革[J]. 国家行政学院学报，2003（1）：44–45.

[36]林冬青. 教育管理信息化未来变革之路探索[J]. 中国教育信息化，2015（15）：49–52.

[37]朱明霞. 依托教育信息化促进教育治理水平的提高[J]. 教育现代化，2019，6（81）：327–328.

[38]范如国. 复杂网络结构范型下的社会治理协同创新[J]. 中国社会科学，2014（4）：98–102；206.

[39]南旭光，张培. 智能化时代我国高等教育治理变革研究[J]. 中国电化教育，2018（6）：1–7.

[40]于方，刘延申. 大数据画像——实现高等教育"依数治理"的有效路径[J]. 江苏高教，2019（3）：50–57.

[41]国务院关于印发促进大数据发展行动纲要的通知（国发〔2015〕5号）[Z/OL].（2015-09-（5））[2021-07-11].http://www.gov.cn/zhengce/content/2015-09/05/content-10137.htm.

[42]杜占元. 以教育管理信息化推动教育治理现代化[N]. 中国教育报，2015-01-22.

[43]刘阳. 教育治理现代化文献综述[J]. 亚太教育，2015（26）：239-240.

[44]方桐清. 党的十九大报告蕴含的思想政治教育重要内容论析[J]. 思想理论教育导刊，2018（11）：141-145.

[45]梁坤伦. 新常态下高校创新创业教育现状与模式创新[J]. 黄河科技大学学报，2015，17（6）：116-118.